"十三五"职业教育新能源汽车专业"互联网+"创新教材

电动汽车总装技术

主　编　景平利　李倩龙　刘振博
副主编　赵　健　陈　猛　高　磊
参　编　林　闯　张　薇　郑华磊
主　审　罗灯远

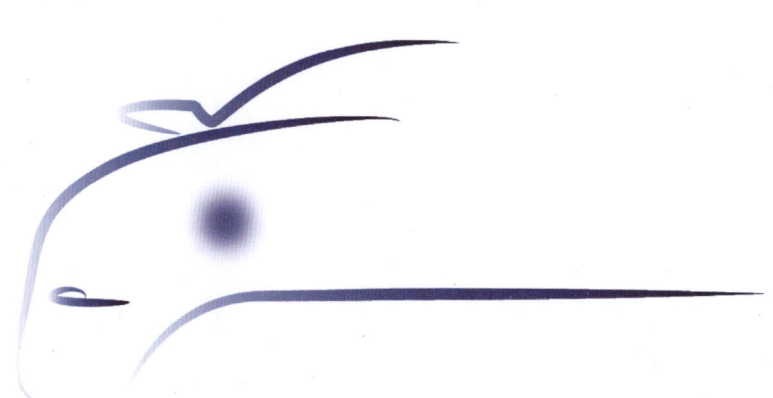

机械工业出版社

为了满足新时期职业教育人才培养的需要，以及适应科学技术发展的新趋势和新特点，我们组织教师和企业专家成立了课程研发小组，以"互联网+汽车专业"的创新模式，编写了本套"十三五"职业教育新能源汽车专业"互联网+"创新教材，包括《走进新能源汽车》《电动汽车检查与维护》《电动汽车结构原理与检修》《电动汽车总装技术》以及相应工作页。

本书共分为5个学习情境，17个学习任务，重点介绍了电动汽车及总装技术认知、电动汽车总装车间及运行规范、电动汽车装配基本技能学习、电动汽车装配工艺过程介绍和电动汽车装配检测介绍。本书配有大量的图片，并利用多媒体技术，在学习资料文本附近设置二维码，读者用手机进行扫描，便可在手机屏幕上显示与教学材料相关的多媒体内容，可以方便读者理解相关知识，以便进行更深入的学习。

本书可作为职业院校新能源汽车、汽车运用与维修等相关专业的教学用书，也可作为汽车企业的培训资料，还可以作为新能源汽车的科普读物。

图书在版编目（CIP）数据

电动汽车总装技术/景平利，李倩龙，刘振博主编．—北京：机械工业出版社，2016.11（2025.1重印）

"十三五"职业教育新能源汽车专业"互联网+"创新教材

ISBN 978-7-111-55498-1

Ⅰ．①电⋯ Ⅱ．①景⋯②李⋯③刘⋯ Ⅲ．①电动汽车–装配（机械）–职业教育–教材 Ⅳ．①U469.72

中国版本图书馆CIP数据核字（2016）第287421号

机械工业出版社（北京市百万庄大街22号 邮政编码100037）
策划编辑：曹新宇　责任编辑：于志伟
责任校对：闫玥红　封面设计：马精明
责任印制：邓　博
北京盛通印刷股份有限公司印刷
2025年1月第1版第17次印刷
210mm×285mm・8.75印张・192千字
标准书号：ISBN 978-7-111-55498-1
定价：39.00元

电话服务　　　　　　　　网络服务
客服电话：010-88361066　机 工 官 网：www.cmpbook.com
　　　　　010-88379833　机 工 官 博：weibo.com/cmp1952
　　　　　010-68326294　金 书 网：www.golden-book.com
封底无防伪标均为盗版　　机工教育服务网：www.cmpedu.com

前 言

随着我国的汽车产销量逐年猛增,引发的汽车与能源、汽车与交通、汽车与环保、汽车与城市化等的问题已日益突出,发展新能源汽车已刻不容缓。从二十一世纪初的"十五""863"计划电动汽车重大专项主要政策开始,到2009年颁布《新能源汽车生产企业及产品准入管理规则》,我国新能源汽车越来越受到国家、企业的重点关注。同时,发展新能源汽车还承载着我国弯道超车的梦想,因此研发高效能、高环保的新能源汽车已成为我国汽车工业发展的重要主题。

目前,我国自主品牌的新能源汽车在全球市场高歌猛进,很多自主品牌,如北汽新能源、比亚迪等已经在新能源汽车市场取得很优秀的成绩。尤其是近年来在政府的支持下,个人购买电动汽车的数量急剧增加,新能源汽车行业前、后市场对技能人才的需求量不断增大。为此,我们组织教师和企业专家成立了课程研发小组,主要结合企业岗位的实际需求,并广泛参考借鉴了国内外新能源汽车方面的研究成果,形成以模块式课程为载体、以工作过程为主线、以任务驱动教学为主要形式的专业课程开发思路,编写了本套教材,包括《走进新能源汽车》《电动汽车检查与维护》《电动汽车结构原理与检修》《电动汽车总装技术》以及相应工作页。

本书始终坚持正确的政治方向,以专业人才培养目标为依据,以所在专业能力结构为主线,贯彻落实党的二十大精神,以全力打造精品教材为出发点,以每一个学习情境、每一个学习任务、每一幅插图为落脚点,全面落实立德树人的根本任务,发挥铸魂育人的实效。

本书是新能源汽车系列教材中的一本,采用学习情境模式导入,设定的情境多来源于企业一线并结合教学一线的教学经验,具有很好的教学效果。本书主要内容包括电动汽车及总装技术认知、电动汽车总装车间及运行规范、电动汽车装配基本技能学习、电动汽车装配工艺过程介绍和电动汽车装配检测介绍5个学习情境,高度提炼核心知识与技能并紧贴生产实际,重在应用。

本书用"互联网+汽车专业"思维创新模式,配有大量的图片,并利用多媒体技术,在学习资料文本附近设置二维码,读者使用手机进行扫描,便可在手机屏幕上显示与教学材料相关的多媒体内容,可以方便读者进行更深入的学习。

本书由北京汽车技师学院组织编写,由北京新能源汽车股份有限公司制造工程部部长罗灯远主审,全书由景平利、李倩龙和刘振博担任主编。其他参与编写的还有:赵健、陈猛、高磊、林闯、张薇、郑华磊。

限于编者水平和经验,书中难免存在缺点和错误,恳请广大读者批评指正。

编 者

前言

学习情境1　电动汽车及总装技术认知

学习任务1　电动汽车的现状和发展 ……………………………………………………… 2
学习任务2　电动汽车的结构和原理 ……………………………………………………… 7
学习任务3　电动汽车总装技术 …………………………………………………………… 14
知识拓展 …………………………………………………………………………………… 21

学习情境2　电动汽车总装车间及运行规范

学习任务1　电动汽车总装车间的认知 …………………………………………………… 26
学习任务2　总装车间员工标准 …………………………………………………………… 37
学习任务3　总装车间各工种的工作规范 ………………………………………………… 39
学习任务4　总装车间事件处理方案 ……………………………………………………… 44
知识拓展 …………………………………………………………………………………… 53

学习情境3　电动汽车装配基本技能学习

学习任务1　常规工具的安全操作规范 …………………………………………………… 58
学习任务2　典型装配任务的作业规范 …………………………………………………… 66
知识拓展 …………………………………………………………………………………… 74

学习情境4　电动汽车装配工艺过程介绍

学习任务1　内饰线的装配工艺 …………………………………………………………… 78
学习任务2　底盘线的装配工艺 …………………………………………………………… 83
学习任务3　终装线的装配工艺 …………………………………………………………… 89
知识拓展 …………………………………………………………………………………… 106

学习情境5　电动汽车装配检测介绍

学习任务1　电动汽车检测线—前束、车轮外倾角 ……………………………………… 110

学习任务 2　电动汽车检测线—前照灯位置 …………………………………… 114
学习任务 3　电动汽车检测线—侧滑检测 ……………………………………… 117
学习任务 4　电动汽车检测线—淋雨测试 ……………………………………… 120
学习任务 5　电动汽车检测线—OK 线检查 …………………………………… 123
知识拓展 ………………………………………………………………………………… 128
附录 ……………………………………………………………………………………… 131
　　附录 A　电动汽车道路试验记录表 ………………………………………… 131
　　附录 B　路试常规检查记录表 ……………………………………………… 132
参考文献 ………………………………………………………………………………… 133

学习情境1

电动汽车及总装技术认知

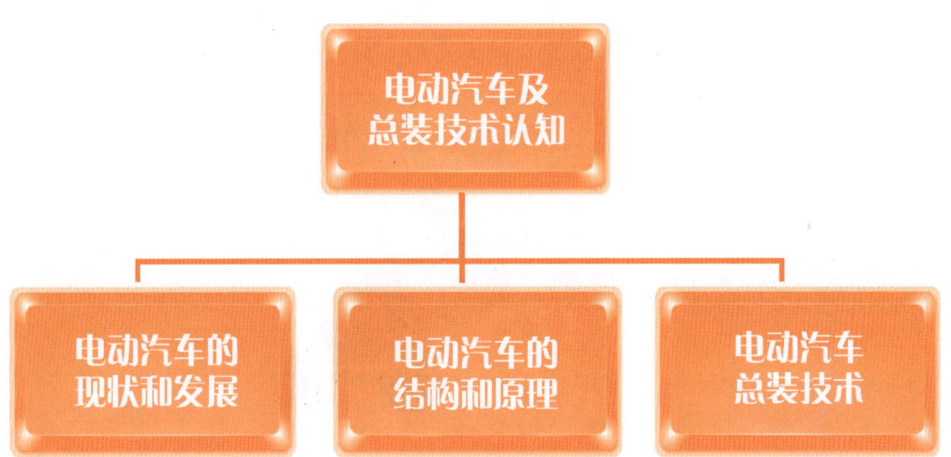

学习任务 1　电动汽车的现状和发展

学习目标：了解电动汽车的现状和发展。

能力目标：培养学生搜集和整理相关资料的能力。

知识准备：

电动汽车是从车载储能装置上获得电能，以电机驱动，同时满足道路交通安全法规对汽车的各项要求，并获准在正规道路上行驶的车辆（图1-1）。

电动汽车前沿技术

每吨总质量的动力不能少于 4.75kW

交通安全法规对汽车的制动、灯光、通过性、整车安全性能等还有专门要求

图 1-1　我国交通安全法规对动力装置的规定

问题引导 1：电动汽车是如何诞生的？

电动汽车的前期发展历程如图1-2所示。

图1-3中给出了当代电动汽车快速发展的原因，世界各主要工业发达国家的政府和汽车制造厂商以及电力、环保、交通、机电等部门都投入巨大的人力、物力来研究、试验、试用电动汽车。经历了基础研究、关键技术突破、产品开发和试验、车队和小区域的试用，现在正在转入批量商业化生产和实际应用阶段。

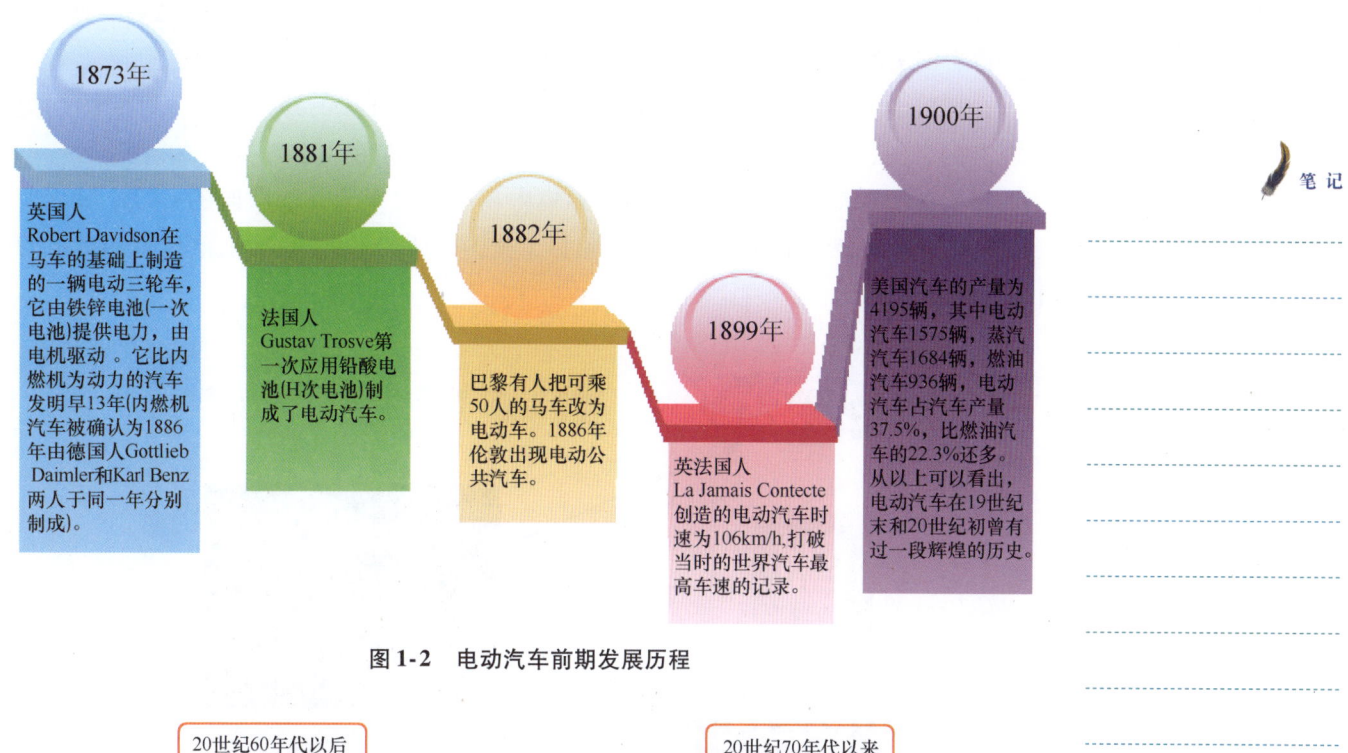

图1-2 电动汽车前期发展历程

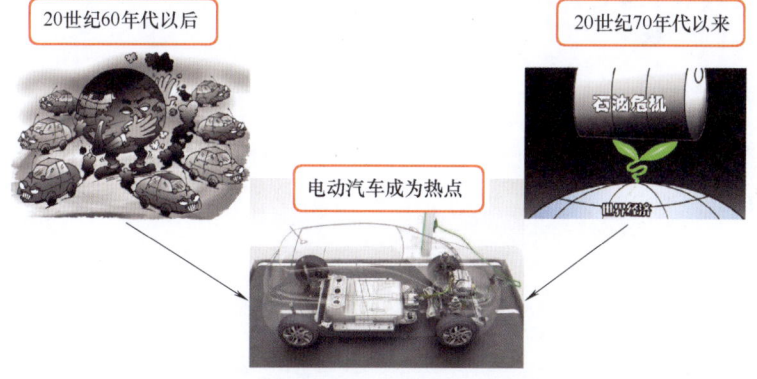

图1-3 当代电动汽车快速发展原因

问题引导2：电动汽车的现状如何？

从20世纪70年代起，世界很多发达国家由于面临能源和环境的压力，都大力进行电动汽车商业化开发和应用，图1-4给出了国外电动汽车研究历程。各国在投入巨资

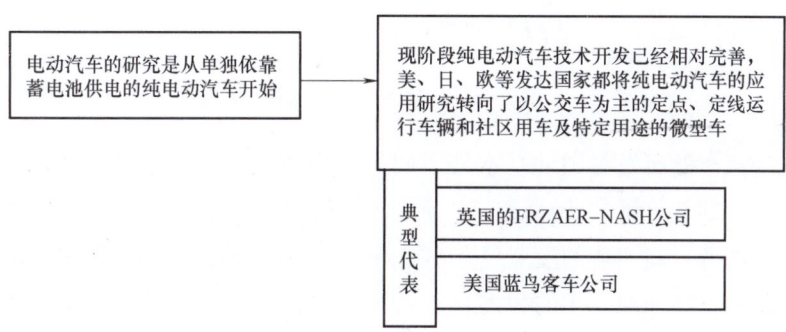

图1-4 国外电动汽车研究历程

进行技术研发的同时,还制订了一些相关的政策、法规来推动电动汽车的发展,图1-5中可以看出美国对电动汽车发展的重视程度。

在燃料电池电动汽车方面,国外企业界纷纷组成强大的跨国联盟,以期达到优势互补的目的,如美国对电动汽车就展现出了高度的重视(图1-5)。在示范运行方面,世界各国也都不约而同地把注意力集中在了大客车上,如欧盟的CUTE示范项目、UNDP/GEF燃料电池商业化示范项目、美国加州的CAH—FC示范项目和日本的JHFC计划等。

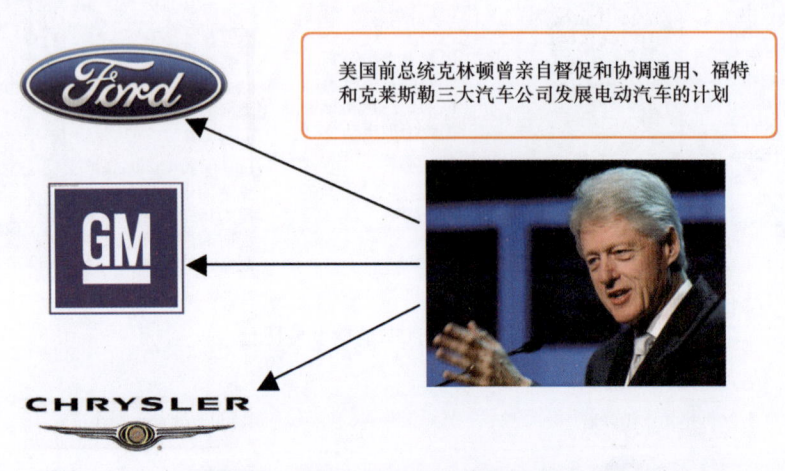

图1-5　美国对电动汽车发展的重视

在电动汽车的政策支持方面,我国依靠政府对新能源汽车的发展提供强有力的推动,从图1-6可以看出,从产业规划一直到市场化,政府的引导都起到了决定性的作用。

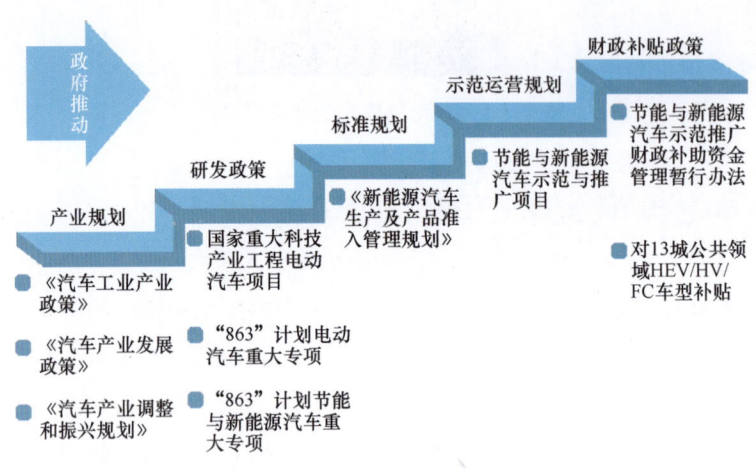

图1-6　电动汽车政策推进

我国电动汽车的研发与国外基本处于同一起跑线上,技术水平与产业化差距相差较小。科技部近期制订了"十三五"电动汽车发展规划,见表1-1,目标是紧跟汽车产业新信息、新能源、新产业的发展,夯实布局,把握关键技术。在下一代电池、电机、电控系统的研发,新能源汽车的智能化、系统、安全、多模式充电技术等重点领域开展技术攻关。

表1-1 "十三五"电动汽车发展规划

动力电池方面	加强新材料研究与应用
	研发高功率的极片和极芯结构的电池组
	正负极、铝离子生产方面进行提质量、降成本的基础关键技术研发
电机方面	聚焦驱动电机、系统产业链的核心技术
	提高多系统的集成度,开发出高效、轻量的电机系统和电驱动系统
整车控制和信息系统方面	大力推进互联网技术与新能源汽车技术结合
	大力开展智能化电动汽车、充电设施的研发与应用
创新商业模式	优化提升电动汽车产业链和价值链

在燃料电池方面,继续加强核心部件在功率密度、低温起动、寿命试验方面下功夫。在继续推进车用燃料电池和加快产业化的同时,拓展燃料电池在应急电站、备用电源、分布电源、海洋运载工具系统方面的市场化应用,来降低燃料电池的生产成本。在燃料电池汽车和纯电动汽车方面取得的成果具体如下。

1. 燃料电池汽车

我国自主研发的燃料电池汽车已经过了30000km以上的试验运行考核,主要技术指标达到国际先进水平。由于采用了电-电混合的特色技术,轿车和客车两种车型节油效果均十分显著。表1-2中为我国自主研发的燃料电池汽车性能参数。

表1-2 我国自主研发的燃料电池汽车性能参数

国内高校	车型	最高车速	百公里氢燃料消耗	加速能力	续驶里程	合作企业
同济大学	轿车	123km/h	1.12kg	19s（百公里）	230km	上汽集团
清华大学	客车	85km/h	4.26kg	25s（50公里）	300km	北京客车总厂

2. 纯电动汽车

纯电动汽车关键技术研究进展顺利,其中纯电动客车产品首先进入产品公告,已开始道路示范运行并进入小批量生产与应用。

北京理工大学联合有关企业研发生产的4种车型35辆公交车已投入到北京市121路公交线和密云县进行载客示范运行,如图1-7所示,它等速百公里耗电70kW·h。

图1-7 北京市121路电动公交车

天津清源电动车辆股份有限公司与天汽集团等单位联合研发的纯电动轿车,最高时速超过120km/h,一次充电续驶里程达252km。该公司开发生产的纯电动轿车已出口美国,后继需求旺盛。

问题引导3:未来电动汽车的发展又将如何?

从技术层面看,电动汽车技术逐步成熟,渐渐进入产品市场竞争期,实现产业化,不同品牌的新型电动汽车不断推陈出新,成为汽车市场销售新的增长点。其中,日本市场纯电动汽车电池技术进步加速,整车产品更加接近消费者需求,以电池租赁为代表的纯电动汽车商业模式创新取得进展。世界主要汽车制造商加快了生产纯电动汽车的步伐,率先上市的日产LEAF车型销售势头良好,各大汽车公司多种小型纯电动轿车在2014~2016年密集上市。车用燃料电池技术取得重大进展,通用汽车公司轿车燃料电池发动机贵金属催化剂Pt的用量从上一代的80g降低到30g,并计划2016年以后降至10g。燃料电池轿车在动力性、安全性、续驶里程、低温起动等性能指标方面已接近汽油车水平,燃料电池汽车整车成本显著下降。丰田公司宣布,2016年末将实现燃料电池车零售价格为5万美元/辆的目标。

经多年探索实践,国际汽车产业界达成了电动汽车产业化战略共识,见表1-3。

表1-3 电动汽车产业化战略共识

2015~2020年	2020年以后
在混合动力技术得到广泛应用的基础上,增加汽车动力系统电气化程度,加大小型纯电动汽车和插电式混合动力汽车推广力度	纯电驱动技术将逐步占据主导地位,通过发展纯电动汽车和燃料电池汽车,实现大幅降低排放

经过北京奥运会、上海世博会、深圳大运会、"十城千辆"等示范工程的实施,我国电动汽车从无到有,在关键零部件、整车集成技术以及技术标准、测试技术、示范运行等方面都取得了重大进展,初步建立了电动汽车技术体系。但由于传统汽车及相关产业基础相对薄弱,差距仍在,中高端技术竞争压力越来越大。因此,发展电动汽车已成为我国重大科技战略需求与战略重点,确保我国汽车行业可持续发展,实现"弯道超车",从而追上欧美日等发达汽车工业大国。

学习任务 2　电动汽车的结构和原理

 学习目标：掌握电动汽车的结构和原理。

 能力目标：培养学生归纳和学习相关资料的能力。

 **知识准备**：

电动汽车的结构主要包括驱动电机及控制系统、机械传动系统、能量电池系统及其他辅助系统等。驱动电机及控制系统和电池系统是电动汽车的核心，也是区别于内燃机汽车的最大不同点，电动汽车的其他装置基本与内燃机汽车相同。

问题引导 1：电动汽车是什么样子呢？

1. 动力系统

动力系统是指为电动汽车提供动力的所有组件，主要包括电机、控制系统及电力驱动等。

（1）电机　电机俗称马达，是一种将电能转化成机械能，并可再使用机械能产生动能，用来驱动其他装置的电气设备。有刷直流电机是许多汽车运用的最优先选择，其主要应用于小功率驱动，而无刷直流电机是用电子转换装置代替了有刷直流电机的机械转换装置，两种电机如图 1-8 所示，其优缺点见表 1-4。

表 1-4　电机比较

电机类型	直流有刷电机	永磁无刷直流电机
优　点	控制简单，技术成熟，具有优良的控制特性，制造成本低	体积小，质量轻，转矩高，效率高，精度高，无机械转换器
缺　点	过载能力较差，长时间运行，要经常维护，散热困难，效率低，维护麻烦，工作时产生高频电磁干扰	功率范围较小，永磁材料的导磁性能会下降或退磁，控制系统复杂，驱动系统造价很高

电机

a)　　　　　　　　　　b)

图 1-8　电机（一）

a) 直流有刷电机　b) 永磁无刷直流电机

交流三相感应电机又称为交流三相异步电机，目前在电动汽车上有的采用三相交流异步电机的 EPS 系统。开关磁阻电机是继直流电机和交流电机之后，又一种极具发展潜力的新型电机，两种电机实物如图 1-9 所示，电机对比情况见表 1-5。

a)　　　　　　　　　　b)

图 1-9　电机（二）

a) 交流三相感应电机　b) 开关磁阻电机

表 1-5　电机比较

电机类型	交流三相感应电机	开关磁阻电机
优　点	应用最为广泛，结构简单、运行可靠，功率覆盖面很广，环境适应性好，质量较轻，维修方便	结构简单，成本低，损耗小，运转效率高，起动转矩大，起动电流小，可控参数多，调速性能好
缺　点	效率较低，转子容易发热，功率因数较低，控制系统的造价高，调速性能较差	控制系统复杂，振动和噪声大，转矩脉动现象较大，功率变换器的直流电流波动也较大

电机种类划分如图 1-10 所示。

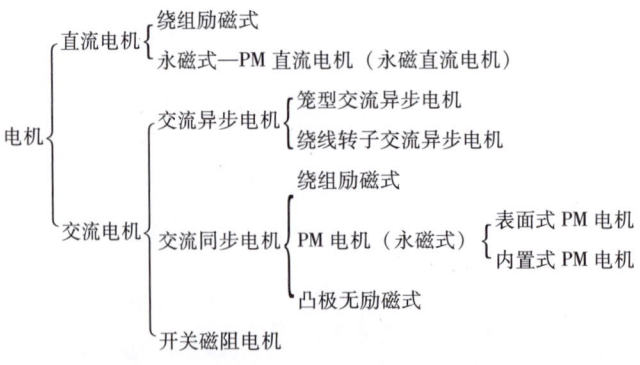

图 1-10　电机的分类

（2）驱动电机控制器

1）驱动电机控制器将动力电池提供的直流电，转化为交流电，然后输出给电机，如图1-11所示。

序号	连接	定义
A	CAN通信	CAN通信和旋变信号
B	驱动电机	输出高压交流电给驱动电机
C	动力电池	输入动力电池高压直流电
D	冷却水管	冷却液进口
E	冷却水管	冷却液出口

图1-11　驱动电机控制器

2）通过电机的正转来实现整车正常的运转，加速减速；通过电机的反转来实现整车的倒车。

3）通过有效的控制策略，控制动力总成以最佳方式协调工作。

（3）车载充电器

1）为动力电池进行充电，为其补充电能，如图1-12所示。

序号	连接	定义
A	充电线	220V交流输入
B	低压熔断器	12V直流电输出
C	高压熔断器	高压直流电输出
D	开关	车载充电器开关
E	整车CAN总线	整车CAN通信

图1-12　车载充电器

2）具有CAN通信功能，收到允许充电信号后，将输入220V交流电，经过滤波整流后，通过升压电路和降压电路，输出适合的电压电流给动力电池进行充电。

（4）DC/DC转换器

1）将动力电池的高压直流电转换为能够为整车所使用的低压直流电，如图1-13所示。

2）整车上所用的电是蓄电池提供的12V的低压电，整车起动以后动力电池代替蓄电池，通过DC/DC为整车提供低压电。

序号	连接	定义
A	充电线	动力电池直流电输入
B	CAN总线	整车通信
C	蓄电池正极	为蓄电池充入直流低压电
D	蓄电池负极	为蓄电池充入直流低压电

图 1-13 DC/DC 转换器

(5) 电力驱动

电动汽车采用不同的电力驱动系统可构成不同结构形式。目前，常见的电动汽车驱动系统具有以下四种布置方案，如图 1-14 所示。

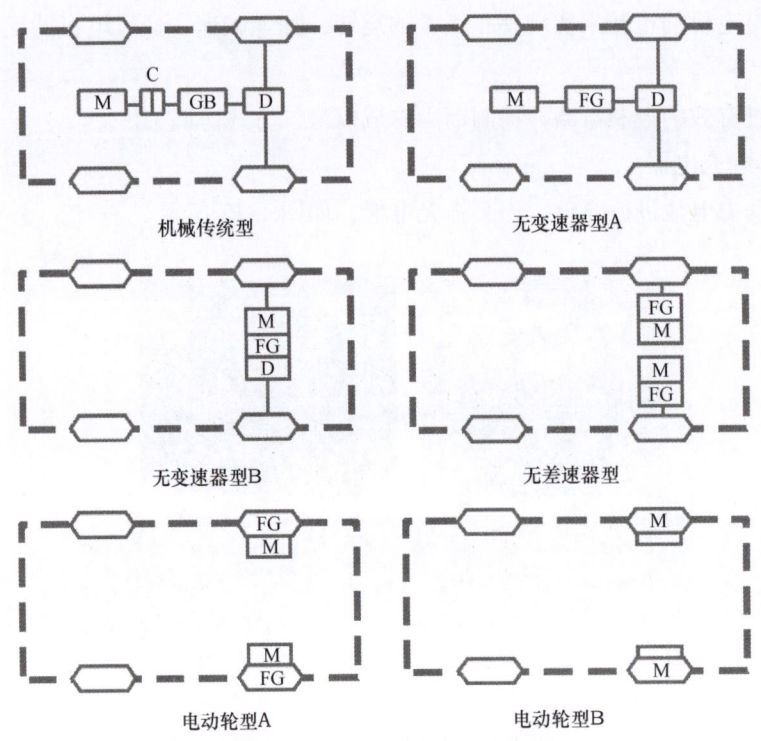

图 1-14 电动汽车驱动系统布置

M—电动机　C—离合器　GB—变速器　FG—固定速比减速器　D—差速器

四种驱动系统布置形式的对比情况见表 1-6。

表 1-6 纯电动汽车驱动系统布置形式对比

布置方案	机械传统型	无变速器型	无差速器型	电动轮型
电机轴与驱动轴轴线关系	垂直	平行	同轴	电动轮装在车轮的轮毂中
驱动形式	电机前置-驱动桥前置或后置	前置模式 后置模式	前置模式 后置模式	前轮驱动、后轮驱动、四轮驱动

(续)

布置方案	机械传统型	无变速器型	无差速器型	电动轮型
传动效率	低	较高	小	很小
几何空间	大	较小	小	很小
电机种类	普通电机	普通电机	特殊电机	普通电机
通用性	好	良好	良好	—
互换性	好	良好	良好	—

（6）动力总成（电机+变速器）

动力总成是电动车的能量转换装置，通过驱动电机控制器的调配用电机将电能转化为机械能，驱动整车行驶，如图1-15所示。

序号	连接	定义
A	驱动电机控制器	CAN通信和旋变信号
B	驱动电机控制器	输入高压交流电
C	动力电池	动力电池高压直流电输入

图1-15 动力总成

动力总成主要包括电机、变速器及旋变传感器。旋变传感器主要是将电机的转速信号等传递给驱动电机控制器进行判断。

2. 底盘系统

电动汽车底盘是整个汽车的基体，不仅起着支撑电池、电机、驱动控制器、汽车车身及各种辅助装置的作用，还要将电机的动力进行传递分配，并实现驾驶人的操作意图。它与传统汽车结构相似，包括传动系统、行驶系统、转向系统和制动系统四大系统，图1-16为

图1-16 底盘系统

底盘系统

电动汽车底盘图。

3. 动力电池

早期电动汽车上应用最广泛的电源是铅酸蓄电池,但随着电动汽车技术的发展,铅酸蓄电池由于比能量较低、充电速度较慢(相对而言)、寿命较短,已逐渐被其他类型的电池所取代。目前的电池主要有钠-疏电池、镍-氢电池、镍-镉电池和锂电池等,这些电池尤其是锂电池的应用为电动汽车的发展提供了更好的动力保障,其实物如图1-17所示。

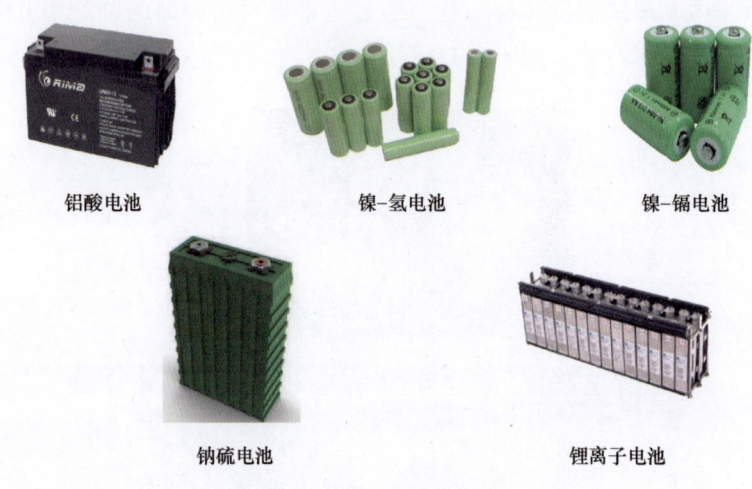

图 1-17 电池实物

常见几种电池性能参数对比情况见表1-7。

表 1-7 电池性能

电池类型	铅酸电池	镍-氢电池	镍-镉电池	钠硫电池	锂离子电池
循环寿命/次	300~500	1000	2000	20000	1000
比能量/(W·h/kg)	40	70~80	55	≥150	150
比功率/(W/kg)	100	200	225	200	225
单体额定电压/V	2	1.25	1.25	2	3.6
工作温度/℃	-40~60	-30~55	-20~60	300~350	-20~60
记忆效应	无	无	有	无	无
使用成本	低	高	高	高	高
污染环境	是	否	是	否	否

问题引导2:电动汽车是如何工作的呢?

电动汽车保留了传统汽车的加速踏板、制动踏板和各种操纵手柄等,但它不需要离合器。在电动汽车工作时,传感器将加速踏板、制动踏板机械位移的行程量转换为电信号,输入电动汽车控制器,经电动汽车控制器处理后发出驱动信号,达到对电动汽车工况的控制。当汽车前进行驶时,电池组输出的直流电经电机控制器变为交流电驱动电机,电机输出的转矩经传动系统驱动车轮。当汽车减速时,车轮带动驱动电机转动，通过电机控制器使感应电机成为交流发电机而产生电流，再将交流电变为直流电向电池组充电（制动再生能量）。电动汽车控制器可通过各种传感器、电流检测器对电池组、驱动电机进行监控并及时反馈信息和报警，并通过电流表、电压表、电功率表、转速表和温度表等仪表进行显示，图1-18为电动汽车工作原理图。

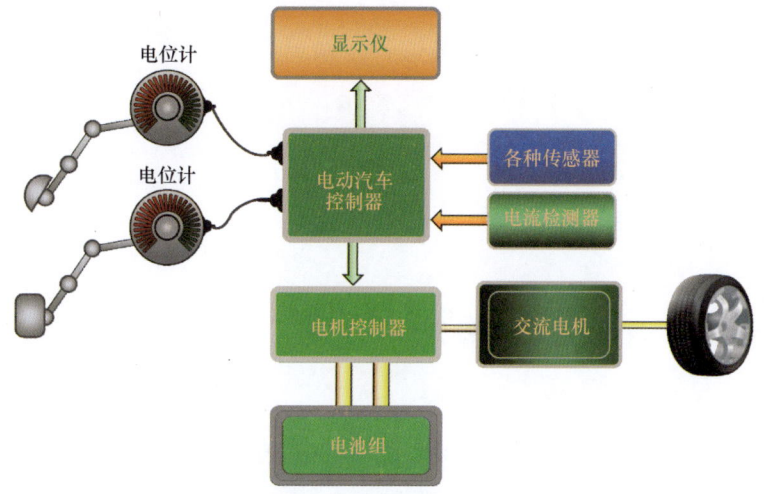

图1-18　电动汽车工作原理图

与燃油汽车相比，电动汽车的结构更加灵活，详见表1-8。

表1-8　燃油车和电动汽车结构灵活性比较

项　目	燃油汽车	电动汽车
结构连接	刚性机械连接居多	柔性的电线连接居多
部件的放置及选择	不灵活	灵活
变　速　器	必要	不必要
动力形式	活塞式发动机	动力电机类型选择多样
储能装置	较单一	多种类型

学习任务 3　电动汽车总装技术

 学习目标：掌握电动汽车总装技术。

 能力目标：培养学生搜集和整理相关资料的能力。

 **知识准备**：

电动汽车的组件和部件的组合过程称为电动汽车总装，其成品为电动汽车，图 1-19 所示为电动汽车核心部件。

图 1-19　电动汽车核心部件

问题引导 1：电动汽车的总装技术要求是什么？

在电动汽车整车总装的过程中，必须达到下列技术要求。

1. 装配的完整性

汽车产品零件多，每个零件都有自己的作用，在装配时必须按照工艺文件的要求，将所有零部件、总成全部装上，不能有漏装、少装现象，特别要注意一些小零件的装配，如螺钉、平垫圈、弹簧垫圈、开口销的装配数量和装配质量。图1-20为车门螺钉的装配。

图1-20　车门螺钉的装配

2. 装配的统一性

下达生产指令后，要按生产计划对基本车型，按工艺要求进行装配，不得误装、错装和漏装。装配时必须要满足：两车间装的同种车型统一、同一车间装的同种车型统一及同一工位装的同种车型统一，简称为"三统一"。图1-21为底盘的装配。

图1-21　底盘的装配

3. 装配的紧固性

汽车各部件的装配通过联接来实现，其中螺栓、螺母之间的联接最为普遍，汽车装配时所有螺栓螺母的联接都具备一定的力矩要求。工艺文件上有规定：如果力矩超过规定值，将导致螺纹变形；如果力矩值达不到规定值，将使装配件产生松动。所以，装配时必须达到工艺文件规定的力矩要求，应交叉紧固的必须交叉紧固，否则会造成装配不到位的现象，带来安全隐患。图1-22为车轮的装配。

图 1-22 车轮的装配

4. 装配的润滑性

汽车上很多零件都是运动件，运动的机械零件一定要润滑。按照工艺要求，所有润滑部位必须加注定量的润滑油或润滑脂。如轴承，如果润滑油加注过少或漏加，运动部件运转会造成烧瓦、抱轴等故障；加注过多，运动部件运转时润滑油很容易窜到其他地方，产生不良影响。因此，加油量必须严格按照工艺要求的需要，图 1-23 为轴承的润滑。

图 1-23 轴承的润滑

5. 装配的密封性

从运动机理和舒适性方面考虑，汽车上很多的部件都需要密封，包括对液体的密封和气体的密封。主要内容包括：冷却系统的密封性，各接头不得漏水；各油封装配密封，装油封时要将零件擦拭干净，涂好润滑油，轻轻装入，油封不到刃口，否则会产生漏油；空气管路装配密封，要求空气管路里连接处必须均匀涂上一层密封胶，锥管接头要涂在螺纹上，管路连接胶管要涂在管箍接触面上，管路不得变形或歪斜。图1-24为管线的检查。

图1-24　管线的检查

为了满足个性化、多样化、全球化、小批量发展需求以及电动汽车市场和商品多样化的需求，生产企业采用了用户化大批量生产模式，强调在现有的流水线上进行工位的整合和调整、各工位作业量的均衡工艺的并行设计和物流的顺畅，从而实现敏捷制造（Agile Manufacture，AM）和高柔度装配。图1-25为汽车总装车间。

图1-25　汽车总装车间

问题引导2：国外总装技术是什么状态？

目前，以美国特斯拉电动汽车为代表，其电动汽车制造技术走在世界前列。在总装技术方面将最高水准的装配模块化、最先进的自动化装配技术与柔性装配系统（FAS）以及汽车虚拟装配系统（AVAS）完美地融合在一起。大多数欧美日汽车厂商都做到了以自动化机械制造为主，人工装配为辅的工业3.0水平，而特斯拉则开始实现工业4.0水准。

1. 装配模块化

所谓模块是指按汽车的组成结构将零部件或子系统进行集成，从而形成一个个大部件或大总成。而生产装配模块化，即汽车零部件厂商生产模块化的系统产品，整车厂商只对采购的模块化产品进行装配即可完成整车生产，如图1-26所示。

图1-26 装配模块化

2. 柔性装配系统（Flexible Assembly System，简称FAS）

柔性装配系统是一种多品种自动装配系统，是由计算机控制的，具有高度的装配自动化、装配柔性、高生产率及较好的可靠性的自动装配系统，是柔性制造系统（FMS）的一个重要环节。FAS的发展与装配机器人的迅速发展分不开，柔性装配系统是可编程序、可扩展、可更换并具有人机接口系统，由装配机器人系统、物料输送系统、零件自动供料系统、工具（手部）自动更换装置及工具库、视觉系统、基础件系统、控制系统和计算机管理系统组成。柔性装配系统分为两类：一种是多工位同步系统，由传送机构组成的固定或专用装配线；另一种是组合式结构，由装配机、工具和控制装置组合而成。柔性装配系统能在一条装配线上同时完成多个品种的安装工作，如图1-27所示。

图1-27 柔性装配系统

3. 汽车虚拟装配系统 (Automobile Virtual Assembly System)

汽车虚拟装配系统是利用计算机辅助技术建立汽车零部件主要模型，根据主要模型的形状特性、精度特性、约束关系，进行计算机模拟装配—干涉分析—模拟装配等的多次反复，以达到预定评价标准的设计过程，并通过产品数据管理（Product Data Management，PDM）将计算机辅助设计（CAD）、计算机辅助工艺规划（CAPP）和计算机辅助制造（CAM）统一集成起来，具有高适应性和高柔性的集成化装配系统。图1-28 为轮胎的虚拟装配。

图 1-28　轮胎的虚拟装配

问题引导3：国内总装技术是什么状态？

国内总装车间生产工艺设计以总成和模块化供货为主要方式，其中车门、仪表、动力总成等均在分装线组装完成后送至主线装配。图1-29 为国内汽车总装车间。

图 1-29　国内汽车总装车间

在总装装配水平上，国内落后于国外优秀汽车厂商，基本上是以人为主，以机械自动化为辅的工业2.0水平，个别企业达到了工业3.0的水平。目前，大多数车间的设备由国内和国外设备公司共同提供，从而有效地保证了生产质量和效率；生产线设计上基本都满足多个平台的产品共线生产，与看板拉动式的物流设计相结合，能够快速反应，从而能较好地满足顾客需求。图 1-30 为国内电动汽车总装生产线。

图 1-30　国内电动汽车总装生产线

问题引导 4：未来总装技术发展趋势会是什么样子呢？

随着世界工业水平的突飞猛进，未来电动汽车总装技术也将进入工业 4.0 时代，也就是依托工业 4.0 大数据结合云计算的智能总装技术，如图 1-31 所示。

工业 4.0 介绍

图 1-31　工业 4.0 装配技术

那什么是"工业 4.0"呢？工业 4.0 是通过物联信息系统（Cyber-Physical System 简称 CPS）将生产中的供应、制造、销售信息数据化、智慧化，最后达到快速、有效、个性化的产品供应。目前，工业 4.0 已经进入中德合作新时代，中德双方签署的《中德合作行动纲要》中就明确提出工业生产的数字化就是工业 4.0。

智能总装技术就是依据工业 4.0 的理念通过在生产装配系统中配备 CPS（嵌入式系统向信息物理融合系统）来实现的。相对于传统系统，智能总装的产品、资源及处理过程因 CPS 的存在，将具有非常高水平的实时性，同时在资源、成本节约中也颇具优势。

智能总装技术具有服从性、灵活性、自适应以及学习等特征，其容错能力，甚至风险管理能力都是非常先进的。其设备将实现高级自动化，通过可实时应对的、灵活的生产系统，能够实现生产过程的彻底优化。同时，生产优势不仅仅是在特定生产条件下一次性体现，也可以实现多家工厂、多个生产单元所形成的世界级网络的最优化。在这个系统中设定的选项以及生产条件，可与其他环节进行独立的无线通信，智能编辑产品特性、成本、物流管理、安全、信赖性、时间以及可持续性等要素，为每个顾客进行最优化的产品制造。图1-32为基于工业4.0的总装车间。

图1-32　基于工业4.0的总装车间

知识拓展

工业1.0是机械制造时代，工业2.0是电气化与自动化时代，工业3.0是电子信息化时代，"工业4.0"则是通过人、设备与产品的沟通，打造一个高度灵活的智能制造模式，如图1-33所示。目前，中德已经签署了《中德合作行动纲要：共塑创新》，提出两国将开展工业生产的数字化（工业4.0）合作。

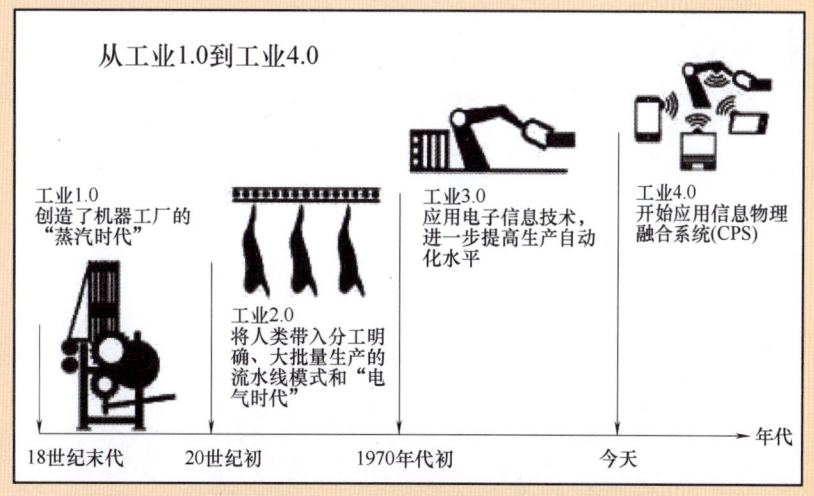

图1-33　工业发展各阶段

在汽车产品环节，依靠车联网实现汽车"智能化"趋势正在加速，汽车主机厂的不断智能化，也将直接推动汽车庞大前后端体系的重塑。无疑，工业4.0模式的切换，将大幅改变我国汽车产业的生态环境，使得中国汽车业抢进"工业4.0"时代。

德国大众、宝马、奔驰等德系车正在中国布局制造端"工业4.0"，更多车企则在车联网、售后应用等领域高调布局"工业4.0"。随着工业4.0时代的到来,依靠着"云端"服务器,车厂生产设备、物流采购、人员等都形成一套庞大的"网络",将需求端、生产端以及供应端更为智能紧密地组织在一起,汽车制造与使用将更为智能。有研究指出,互联网云端与汽车的融合,将完全颠覆现有模式,包括供应链体系、生产体系以及售后体系。而国内部分车企,通过自身的探索,正加速布局工业4.0。

目前,德国部分车企在生产领域已经开始逐步布局。宝马在兰茨胡特工厂最近投入使用的保险杠检测设备,通过非接触的手势识别系统,保险杠在完成喷漆工序后的检验工作,可以通过检验员的手势对检验部位进行检验和数据记录。该系统由两台3D摄像机、红外传感器等部分组成,系统内保存有保险杠部件的3D实体模型数据,并建立起3D空间扫描坐标系。当工件进入检验区后,检验人员只需几个手势,即可完成检验工作,比如指点偏差所在的部位后,设备即可精确记录下该偏差产生的位置以及偏差数据。

我国汽车产业在"工业4.0"探索中,智能化的初步技术正在逐步引用。据了解,国内已经成功开发出工业4.0流水生产线,在无线射频技术、工业以太网、在线条码、二维码比对、影像识别、机器人应用等实现了突破。其中,上海明匠智能创出的4.0技术已经通过英国相关方的评审,取得路虎极光、神行者2代两个品牌的设备合同,并运用于奇瑞捷豹路虎位于江苏常熟的新工厂,如图1-34所示。

图1-34 国产路虎生产线

智能化工厂运用的最初级阶段的柔性生产,我国广东省的汽车工业正在逐步普及。据悉,一汽大众佛山工厂不仅实现了MBQ模块化生产,在全领域实现了智能管理,可以生产大众、奥迪两大品牌产品。其物流管理系统,不仅可满足市场的一般需求,还能满足多种产品混线生产,按用户的个性化需求进行生产。

未来的智能化与大数据,将会给汽车工业带来巨大的机遇,互联网和汽车的结合,将会颠覆现有模式,未来要走线上线下的结合开拓方式,从线上收集线索到体验、销售、服务,再到二手车、保险、金融等,如图1-35所示。

图1-35 互联网汽车

> **你知道吗**
>
> 1. 电动汽车与传统汽车的区别是什么？
> 2. 你能说出电动汽车的工作原理吗？
> 3. 电动汽车有哪些问题有待解决？
> 4. 什么是电动汽车的总装技术？
> 5. 什么是工业4.0？
> 6. 你认为未来的电动汽车的总装会如何发展？

学习情境2

电动汽车总装车间及运行规范

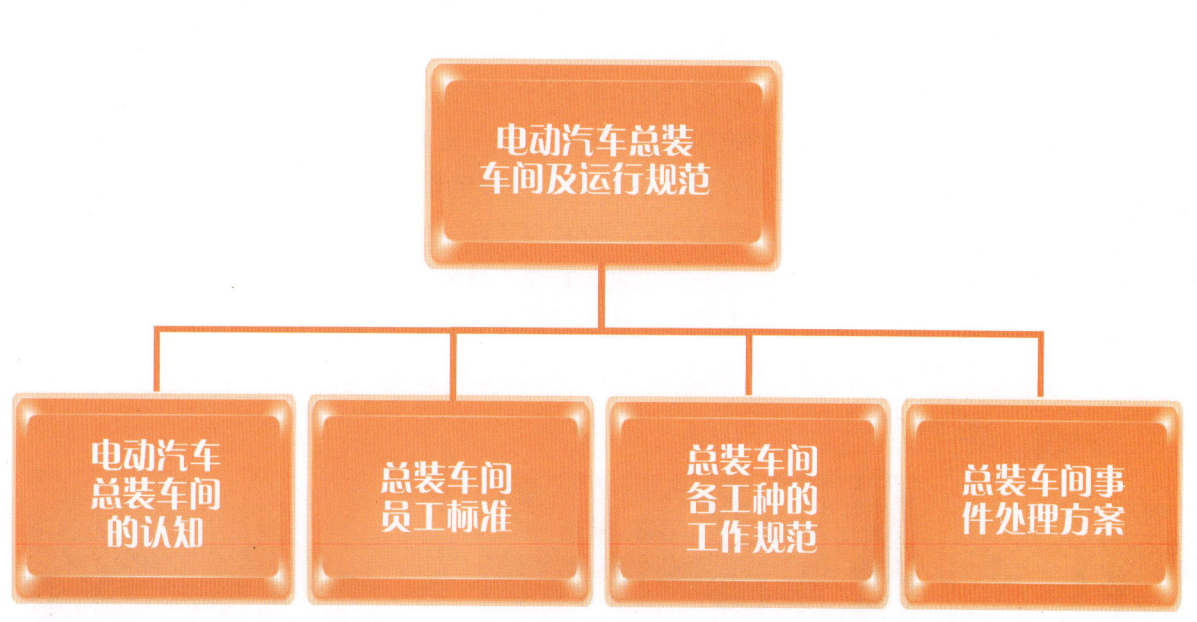

学习任务1 电动汽车总装车间的认知

📖 **学习目标**：了解电动汽车总装车间的设备和主要生产线。

⭐ **能力目标**：培养学生搜集和整理相关资料的能力。

🏆 **知识准备**：

电动汽车总装车间主要由生产区、调试区、检测区、返修区及评审区五个工作区组成，可实现多品种、多类型的电动汽车柔性化批量生产。

针对电动汽车的结构特点，电动汽车总装车间生产线在传统汽车生产线基础上增设了电器总成、电机及变速器动力总成和动力电池多条模块分装线，用新能源CKD散件组装。生产线使用数字化信息控制和管理，能够收集分析设备、设施数据信号，以实现生产自动化运行及整车信息的存储。另外，电动汽车总装车间检测线配备接地电阻、漏电、绝缘综合检测仪及故障诊断仪等新能源汽车专用检测设备，对整车进行全方位的性能检测，以确保交付车辆的安全性及稳定性。电动汽车总装车间如图2-1所示。

总装车间安全
规范标准（一）

总装车间安全
规范标准（二）

图2-1 电动汽车总装车间

问题引导1：电动汽车的总装车间有哪些设备？

电动汽车总装配厂（或车间）必须包括总装配线、分装线、部件组装线、整车检测线和调整、返修（包括必要的补漆手段）区以及试车道路和零部件及总成的存放地等。总装车间设备如图2-2所示。

图 2-2　总装车间设备

新能源汽车总装车间

总装机械化设备一般通过吊具、台车或托盘等工装，使得需要存储或装配的工件按工艺需求的线路、速度行走。总装车间内机械化输送线主要包括：滑撬输送、摩擦线输送（地面/空中）、推板输送、推杆链输送、自行小车、板式链输送、积放式辊道输送机，具体功能及特点见表2-1。

表 2-1　总装车间内各类机械化输送线的功能及特点

名　称	图　片	功　能	特　点
滑撬输送		通过滚床，推动上部撬体，实现车身（或零部件）输送	输送速度一般为24m/min，输送噪声小，故障率低，可实现水平移动和旋转，通过升降机构连同撬体一起升降，实现快速行走，但是成本高
摩擦传动输送线（分为地面摩擦线和空中摩擦线）		通过摩擦轮推动车身（或零部件）撬体台车/吊具，使之沿地面轨道运行，实现车身（或零部件）输送	输送速度一般为20m/min，输送噪声小，故障率低，一般为水平面内输送，可以进行坡度较小的爬坡，爬坡占用空间较大，可实现快速行走和积放，成本较低
宽推板输送		车身置于大平板上，线端头的驱动装置通过摩擦副，推动大平板，后面的平板推动前面的平板，实现车身输送，宽推板必须在封闭循环内构成回路	工艺速度连续可调，输送平稳、噪声小，故障率低，人员操作劳动强度低，可实现车体小范围升降，成本高

(续)

名称	图片	功能	特点
推杆链输送		通过牵引链,带动车身吊具,实现车身输送。积放式悬挂输送机由上、下两层轨道组成。上层为牵引链轨道,下层为行走链,根据承载量可以选择不同的链节距	快链输送速度一般为15m/min,工艺链速度可调整,噪声大,可实现升降、快速行走和积放,存在油品污染
自行小车		通过小车自带的调频电机,可滑触取电,驱动行走。一般分为两种形式:带剪式升降和不带剪式升降	输送速度一般为24m/min,工艺速度可调整,噪声小,带剪式升降的,在升降过程中较少占用地面空间,可实现快速行走和积放,不存在油品污染,但成本高
板式链输送		车体(成零部件)置于板式链上,通过电机驱动板式链,实现车体(或零部件)输送;依据宽度不同,一般分为宽边和窄边	工艺速度可根据要求调整,输送噪声小,故障率低,维护不方便,成本低
积放式辊道输送机		零部件通过托盘置于辊道上方,通过辊道驱动,推动托盘,从而实现零部件输送。一般布置为闭环循环,采用转移小车移动实现水平循环或升降机实现垂直循环	工艺速度(一般为固定的)可根据要求调整,可实现积放功能,输送噪声小,故障率低,维护方便,成本低
剪式举升机		用于辅助装配,举升较重部件或总成,比如动力电池组	剪式平板结构,同步性能优越,设备运行平稳可靠,占用空间小,故障率低,维护方便,成本低

问题引导2:电动汽车的总装车间有哪些生产线?

目前电动汽车基本采用承载式车身,装配特点是以车身为装配基础件,所有总成、零部件都装载在车身上。图2-3为电动汽车总装生产线，它一般分成四个部分：内饰线、底盘线、终装线及检测线，见表2-2。

图2-3 电动汽车总装生产线

表2-2 电动汽车总装主要生产线

生产线	主要作业内容	相关主要设备
内饰线	➢ 线束（发动机舱、管梁、地板、四门、充电等） ➢ 内饰板、地毯、顶棚、集成支架 ➢ 四门玻璃、前后风窗玻璃、仪表台模块	车身挂具 风窗玻璃涂胶设备
底盘线	➢ 制动油管、动力总成 ➢ 前后悬总成 ➢ 电池 ➢ 轮胎	车身挂具 相应分装平台 电动举升平台 变速器油加注设备
终装线	➢ 电机控制器、车载充电机、DC\DC转换器 ➢ 高压控制盒、线束终端连接 ➢ 座椅	制动液加注设备 冷却液加注设备 冷媒和清洗液加注设备
检测线	➢ 间隙和断差、前束，车轮外倾角 ➢ 前照灯位置、滚筒测试 ➢ 地下底盘检查、淋雨测试	滚筒检测设备 四轮定位检测设备 前照灯位置检测仪

总装车间生产流程

此外，在总装车间内，除了总装配线后还有整车性能检测、终检线和其他分装线。

1. 内饰线

内饰线主要内容包括车门的拆装、车身上线及进行线束、工艺堵孔、顶棚装饰板、风窗玻璃、仪表板、侧围内饰板、地毯、后行李箱内饰、尾灯、制动油管、刮水器及其电机等部件的装配与装饰工作。为了保证总装线实行混流生产，车身上线是由计算机进行控制的，每个车身上线前都贴有条形码，条形码内包含该车的车身号、流水号、车型、备件组织号以及与之配套的动力总成型号等信息，从而保证了整个总装线的生产有条不紊地进行，电动汽车总装车间的内饰线及工艺流程如图2-4所示。

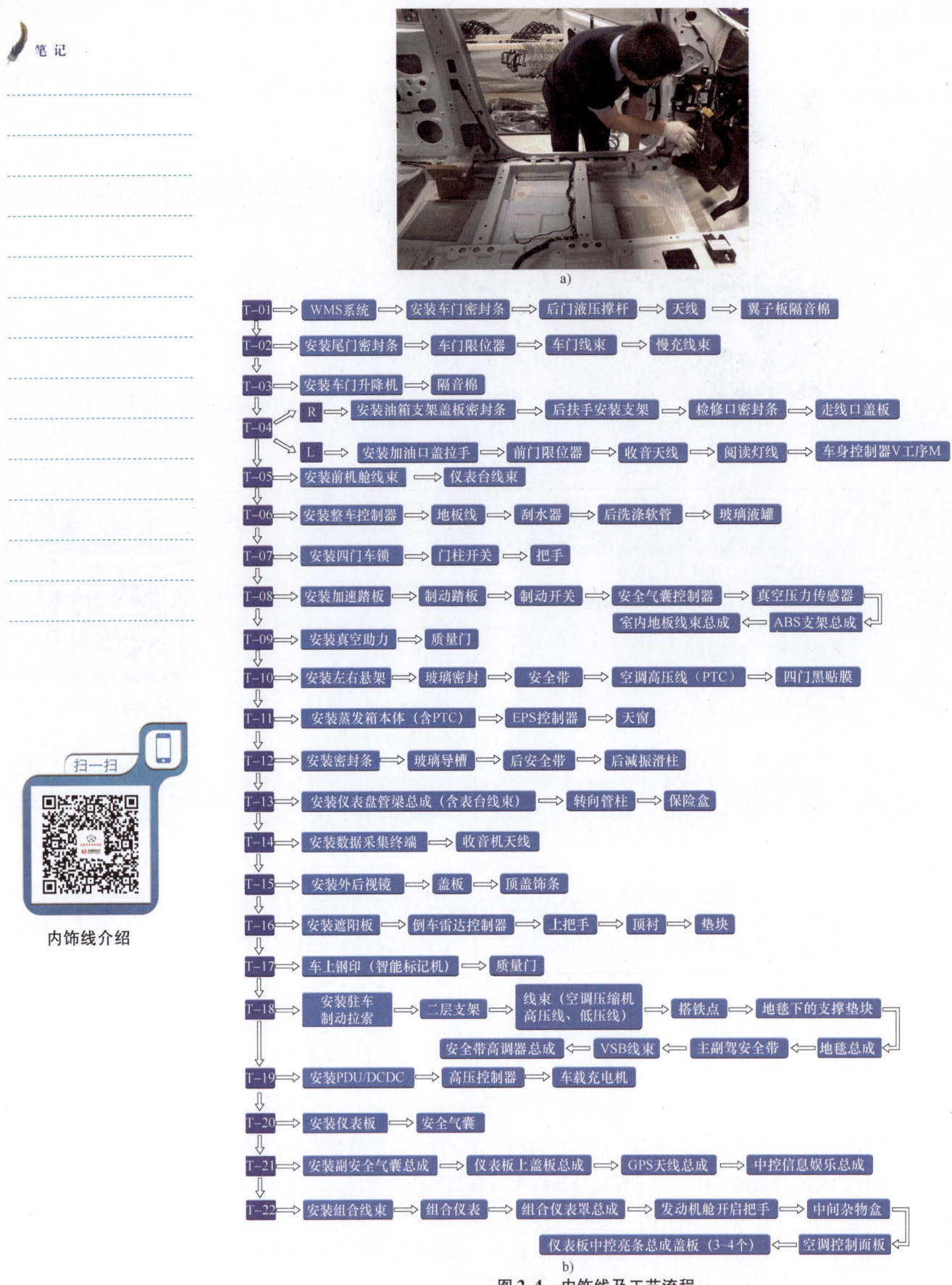

图 2-4 内饰线及工艺流程
a) 内饰线实物图　b) 内饰线工艺流程

2. 底盘线

底盘线主要进行前悬架、后悬架、电池、电机和变速器动力总成、减振器、传动轴、车轮等车底部件的装配。根据车型结构不同，底盘部件装配可以采用模块化装配，即先将电机与变速器总成、前悬架总成、电机托架、传动轴、电池、后悬架等底盘部件分装好，然后安装并定位到合装小车上。合装小车在合装区与底盘装配线同步，通过小车上的液压举升装置，将分装好的底盘合件直接举升上线与车身合装，电动汽车总装车间的底盘线及工艺流程如图 2-5 所示。

a)

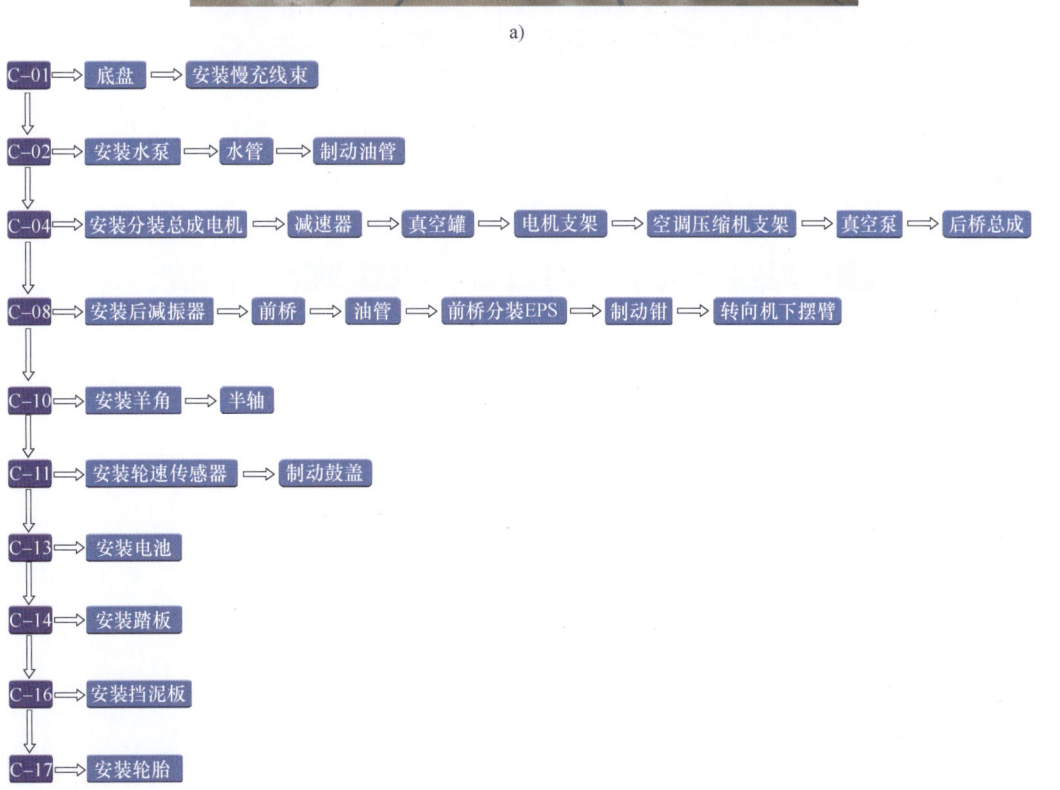

b)

图 2-5 底盘线及工艺流程

a）底盘线实物图　b）底盘线工艺流程

3. 终装线

终装线的装配内容是指车身与底盘合装后进行的装配，主要进行前保险杠装配、座椅装配、前面罩及前照灯装配、车门的装配、电机线路连接、电池线路安装、制动液、空调制冷剂等各种油液的加注工作及整车下线前的调整工作，电动汽车总装车间的终装线及工艺流程如图 2-6 所示。

终装线

图 2-6 终装线及工艺流程
a）终装线实物图 b）终装线工艺流程

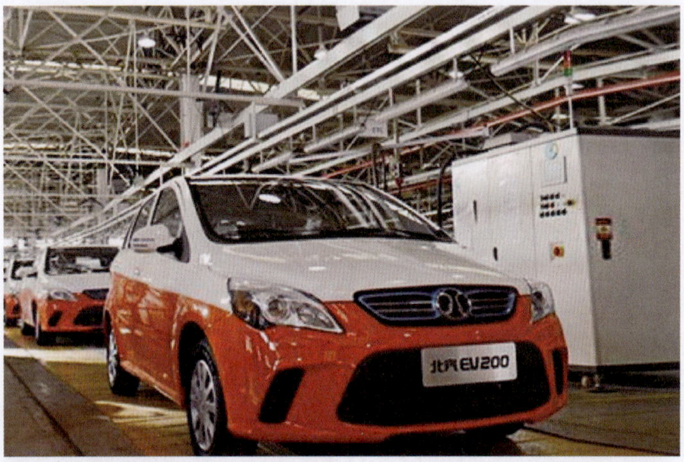

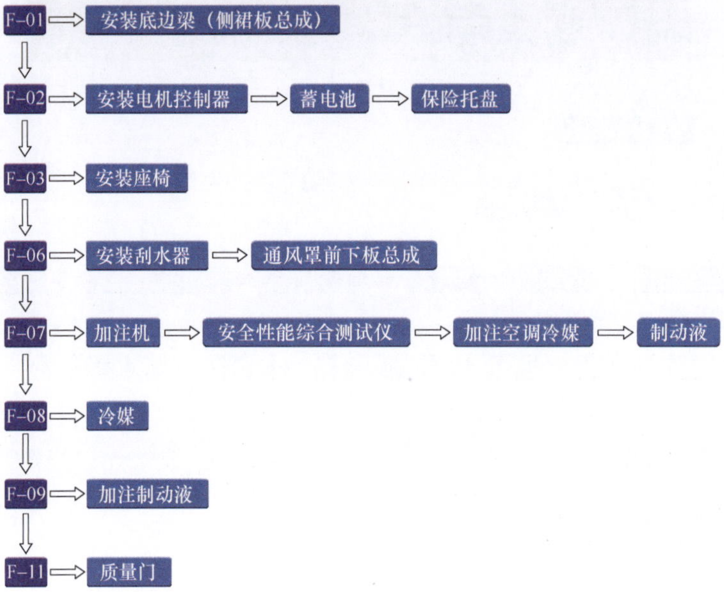

4. 检测线

检测线是对汽车安全、性能、环保进等进行检测的自动化流水线，它主要包括整车四轮定位，灯光检测，侧滑、制动试验和淋雨密封性试验等，电动汽车总装车间检测线及工艺流程如图 2-7 所示。

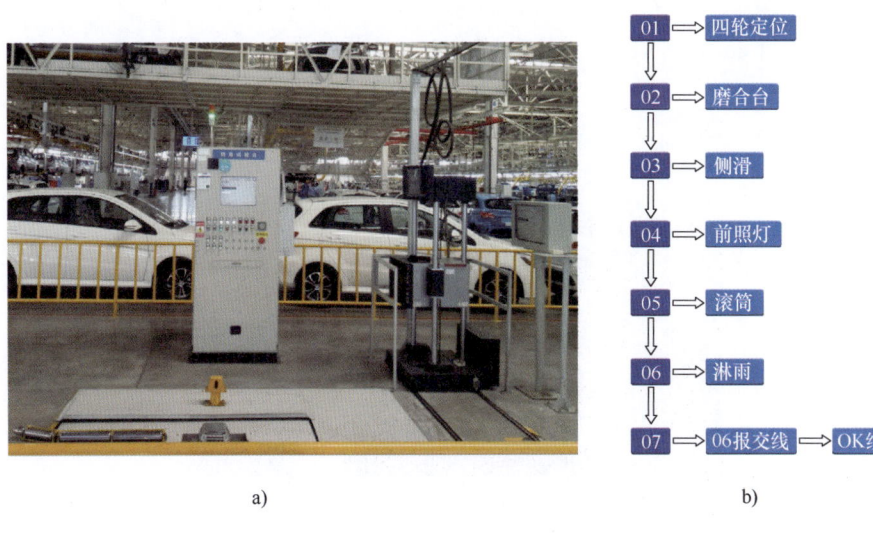

图 2-7 检测线及工艺流程

a）检测线实物图 b）检测线工艺流程

另外，对于最终产品化的检验还包括 OK 线检查，OK 线检查主要包括整车电器功能的检查和外观检查（漆面、间隙）等。

5. 其他分装线

除了前面提到的主要流水线和检测线外，总装车间还有各种模块化总成的装配线，电动汽车总装车间的车门总成分装及工艺流程如图 2-8 所示。

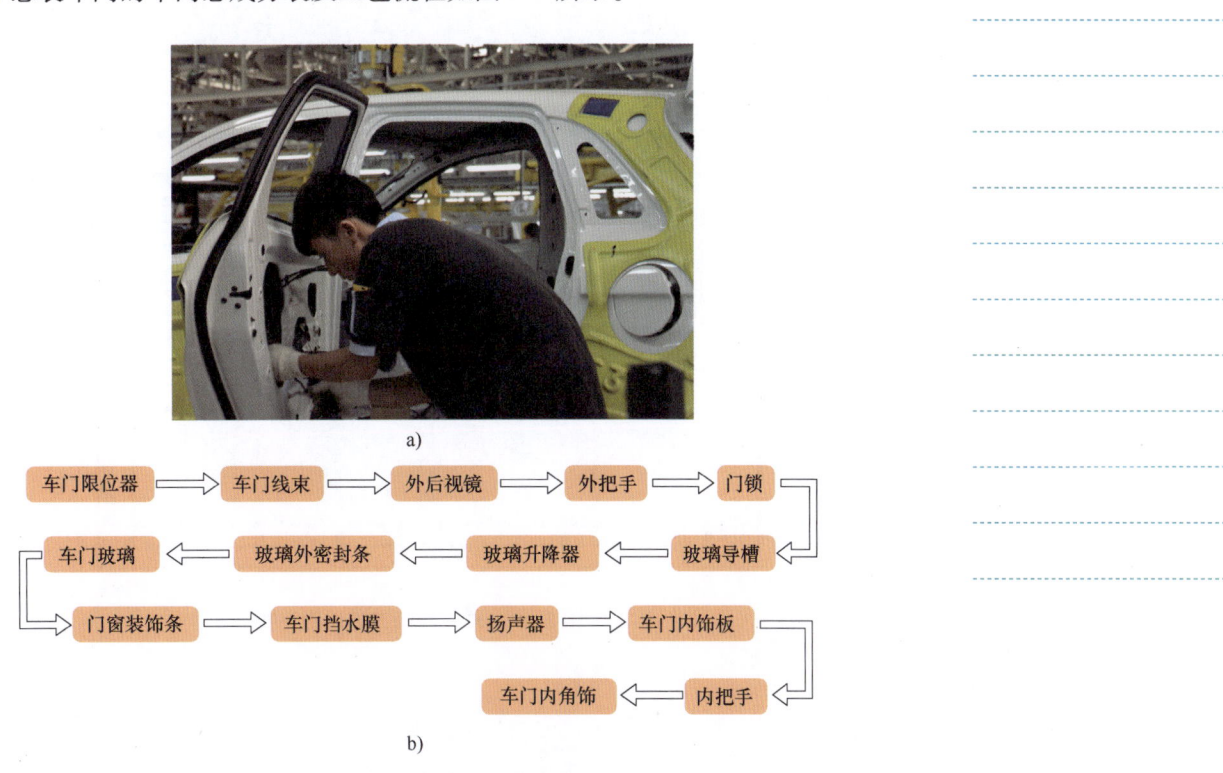

图 2-8 车门总成分装及工艺流程

a）车门总成分装实物图 b）车门总成分装工艺流程

后悬架总成分装是分装线中十分重要的环节,它对于电动汽车的安全驾驶起着重要作用,电动汽车总装车间的后悬架分装及工艺流程如图2-9所示。

图 2-9 后悬架分装及工艺流程

a) 后悬架分装 b) 后悬架分装工艺流程

总装车间的工艺流程反映了汽车的生产过程,图2-10为总装车间工艺流程布局图。

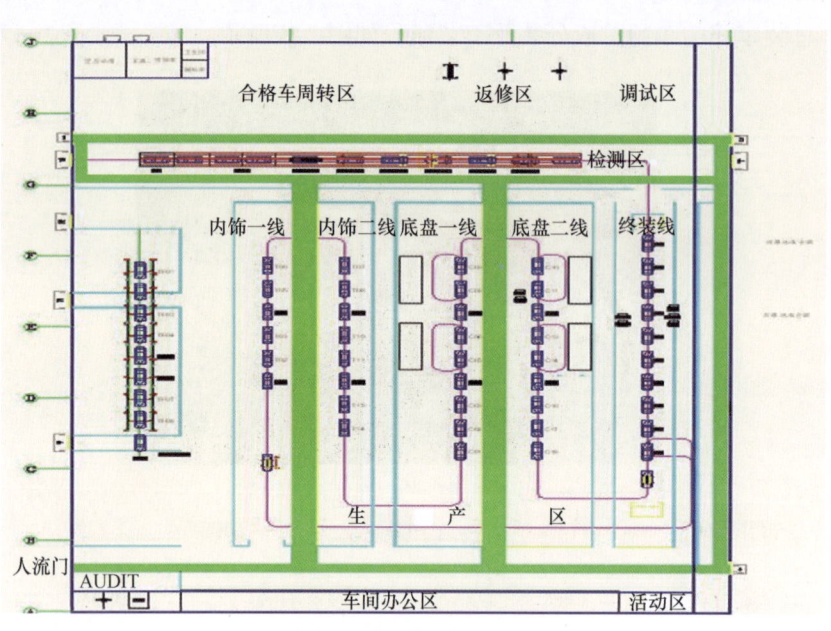

图 2-10 总装车间工艺流程布局

问题引导3:什么是电动汽车总装车间的5S管理?

日常管理工作中经常遇到一些问题,如图2-11所示。

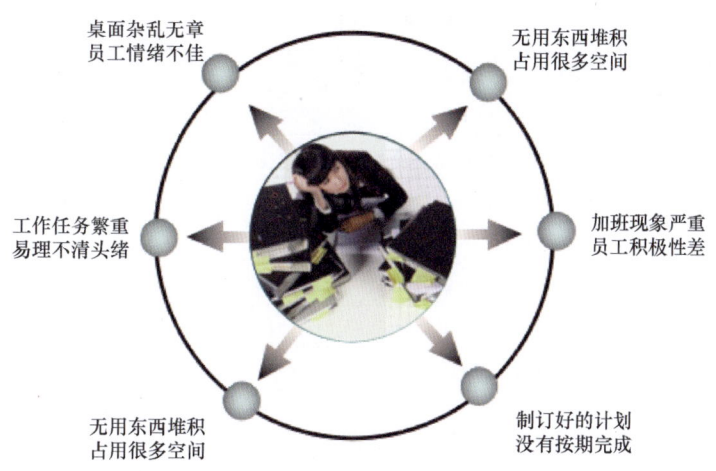

图 2-11 日常管理常遇到的问题

要解决以上的问题，最好的方法就是进行 5S 管理。5S 管理如图 2-12 所示，详细内容见表 2-3。

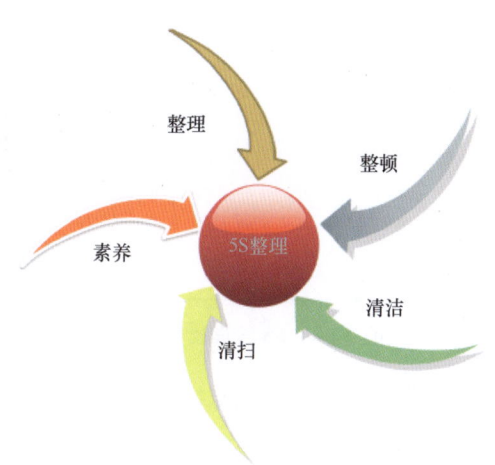

图 2-12 5S 管理

表 2-3 5S 管理内容

名称	整理	整顿	清扫	清洁	素养
5S	Seiri	Seiton	Seiso	Seiketsu	Shitsuke
定义	现场只保留必需物品	必需品依规定摆放并明确标示	清除现场内垃圾	将前面的做法制度化	人人按章操作、依规行事
目的	改善作业面积，保障安全，提高质量，减少库存量，改变作风	提高工作效率和产品质量，保障生产安全	清除"脏污"，保持现场干净、明亮	认真维护并坚持整理、整顿、清扫的效果，使其保持最佳状态	提升"人的品质"，培养工作态度认真的人员
意义	坚决把现场不需要的东西清理掉，达到现场无不用之物	便于以最快的速度获取所需物品，在最有效的制度和流程下完成作业	使发生异常的根源容易被发现，是实施自主保养的第一步	消除发生安全事故的根源，创造一个良好的工作环境	使人员养成严格遵守规章制度的习惯，是"5S"的核心

要推行 5S 管理就要采取合理的方法，具体推行步骤见表 2-4。

表 2-4　5S 推行步骤

序　号	传统的 5S 推进步骤	现代的 5S 推进步骤
1	成立组织	成立组织
2	宣传培训	图上作业
3	拟定计划	宣传培训
4	分段作业	拟定计划
5	巡查整改	样板工程
6	稽核考查	分段作业
7	综合分析	巡查考评
8	—	综合分析

5S 管理顺利推行后，就需要对效果进行管理检查，具体检查要点如图 2-13 所示。

1）有没有不明之物
2）是否按照标示放置物品
3）有没有把东西放在通道上
4）包装箱等是否有破损
5）工夹具、计测器等是否放在所指定的位置上
6）移动是否容易
7）危险品是否明确标示出，灭火器是否定期点检
8）作业员脚边是否有零乱的零件
9）相同零件是否散置在几个不同的地方
10）作业员的周围是否放置了不必要之物

图 2-13　5S 管理检查要点

近年来，随着人们对 5S 管理的不断认识与探索，现又添加了"安全、节约"等两项内容，分别称为 6S 或 7S 活动。

学习任务 2　总装车间员工标准

学习目标：掌握电动汽车总装车间的员工标准。

能力目标：培养学生归纳和学习相关资料的能力。

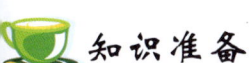知识准备：

一个企业能否保持持久良性的发展，离不开企业员工的共同努力，而企业员工的基本素质也直接决定着企业的发展前景。因此，如何使企业员工的知识技能、应变力、决断力、适应力以及协调能力得到尽情的展示，充分发挥企业员工的最大才能，树立良好的工作态度是企业发展的重要保障，更是企业管理层需要解决的首要问题。

问题引导1：总装车间对员工有什么基本要求？

1. 员工的基本要求

电动汽车总装车间对在岗工作员工有基本要求，具体要求如图2-14所示。

总装车间员工素质及行为规范

图 2-14　员工的基本要求

2. 员工行为规范

员工行为规范是员工在职业活动过程中,为了实现企业目标、维护企业利益、履行职业职责、严守职业道德,从思想认识到日常行为应遵守的职业纪律。员工的一言一行、一举一动,是企业形象的再现。所以,不断提高员工的自身素质,规范员工行为是企业文化建设的切入点,详见表2-5。

表2-5 员工行为规范

车间行为规范	办公室行为规范	漆房安全操作规范
1)不得在车间内串岗、玩手机 2)进入车间工作区域,按照规定穿着工作服 3)车间内严禁斗殴,做到文明生产 4)浪费和损坏公司财物者,视情节轻重予以赔偿或处罚 5)车间员工都必须按照作业指导书规范操作 6)车间员工不得带入无关人员进入工作区 7)保持车间及工作场所的卫生整洁 8)禁止总装车间及厂区内流动吸烟 9)产品车禁止私自乘坐或驾驶 10)总装车间严禁私拉电源	1)办公室内禁止吸烟 2)接听电话时,请注意礼貌用语 3)接听私人电话时,请尽量避免使用免提功能 4)复印机、打印机等办公设备使用完毕后请自觉复原 5)请保管好个人文件 6)公司的设备、设施、产品、材料等需谨慎使用,妥善保管 7)请保持办公室内的安静及良好秩序,不要大声喧哗 8)请保持办公区域整洁,办公用品整齐有序	1)上班前打开设备电源,检查是否有异常现象 2)操作者在工作期间,必须穿戴好防护用品 3)在漆房内禁止使用明火及接打手机 4)在烤漆房附近,必须按规定摆放灭火器材 5)非指定喷漆人员,禁止进入漆房 6)漆房发生设备报警时,应及时切断电源,人员撤离 7)对喷漆操作者应掌握烤漆房的消防设备的应用 8)烤漆房内使用的通风过滤棉,每月更换一次

学习任务3 总装车间各工种的工作规范

学习目标：掌握电动汽车总装车间各工种的工作规范。

能力目标：培养学生搜集和整理相关资料的能力。

知识准备：

电动汽车总装车间根据各工种工作规范来规范员工的岗位操作，形成作业标准化、规范化，从而提高整车的装配质量，使生产有序地顺利进行。

总装车间质量管理规范

问题引导1：电动汽车总装车间各工种有哪些工作规范？

电动汽车总装车间主要的工种有装配工、物流工、检验工、维修工和保全工，各工种的岗位职责与技能要求见表2-6。

表2-6 各工种的岗位职责与技能要求

装 配 工	
工作内容	使用手动、气动和电动工具或工装设备在生产线上进行电动汽车总成及分总成装配与调试的人员 

(续)

岗 位 职 责	技 能 要 求
1）每天工作前检查自己所用的设备、工具和器具，发现设备问题及时上报 2）装配员工要正确地使用工具和器具 3）装配员工服装饰品必须处理得当 4）对有可能造成划伤、磕碰的部位，装配前要采取保护措施 5）在作业结束之后禁止将使用的工具放在车上 6）装配员工在生产现场禁止靠近车身或进入商品车内 7）保持车内、外整洁 8）装配员工在生产现场必须严格按生产工艺卡作业	1）对电动汽车的组成和工作原理有基本的了解 2）掌握一般的机械制图基础知识 3）具有一定的电工基础 4）具有一定的液压传动知识 5）了解各种机械联接方式 6）能识别各种联接件、各等级螺栓及其应用 7）能熟练使用各种装配工具及其保养

物 流 工

工作内容	负责部件及总成的仓储、运输和管理工作，一般要求有叉车驾驶资格

岗 位 职 责	技 能 要 求
1）负责车间内生产物料的接收、保管和生产线物料配送 2）对物流数据进行记录、统计和报告 3）对库存物料按要求进行合理码放和保管，保证物料完好无损 4）对物料的缺失、毁损等问题及时报告和处理 5）其他相关工作	1）了解物流管理的相关知识 2）有较丰富的物料管理经验 3）具备叉车驾驶资格，能熟练操作叉车铲运货物 4）能使用计算机录入和填报相关数据 5）工作态度认真，严格遵守各项规章制度，保护公司财产安全 6）身体健康、能够适应较强的工作压力 7）熟悉 ERP 系统的使用和质量体系

检 验 工

工作内容	负责产品质量的检验工作，填写相关信息并及时准确地向主管部门汇报

(续)

(续)

岗 位 职 责	技 能 要 求
1）熟悉有关的质量检查规定和要求 2）掌握各项目的施工内容和技术标准，对检测项目逐项过关 3）按照施工过程检验和完工车辆检验合格后，负责签署"质检合格" 4）认真检验完工车辆质量 5）每次检验必须有详细的记录 6）对不清楚或较重大的问题或事故应尽可能在质检报告表上注明，以便向主管部门交待清楚 7）质检员总结每月的质检情况、返修原因，用报表形式向主管部门汇报	1）熟悉电动汽车结构和工作原理，尤其是电路系统有较深的了解 2）有多年相关工作经验，熟练使用各种机械及电子检测设备 3）有较好的电工及机械装配知识基础 4）具有较强执行力并具备团队精神 5）具备良好的沟通能力

维 修 工

工作内容	主要负责电动汽车总装车间未成功下线车辆或未通过检测线的车辆的检修工作

岗 位 职 责	技 能 要 求
1）严格执行汽车维护工艺规范和修理技术标准进行维修作业 2）修理过程中严格执行自检、互检和专职检验为内容的"三检制"进行 3）发现安全关键部位存在隐患或故障，应及时向主管说明，不得擅自处理 4）严格按照各工位工序安全操作规程进行作业，杜绝事故发生 5）节约用料，随用随领 6）管理好修理现场，做到零部件按规定摆放整齐有序，现场环境卫生清洁	1）熟悉电动汽车结构和工作原理 2）拥有中级汽车维修工以上证书 3）能独立分析电动汽车的故障并解决

保 全 工

工作内容	负责电动汽车总装车间内运转的所有的机器设备和工具的维护保养和修理工作

(续)

岗 位 职 责	技 能 要 求
1）设备养护任务：保持对所有机器设备的保养记录 2）设备维修任务：要求对设备进行检查并提出报废或修理某一零部件的建议 3）测试与批准任务：确保所有要求完成的保养和维修工作均已完成，并且必须是按照设备生产商所提供的说明书来进行保养和维修的 4）库存保持任务：保持设备保养和维修所需要的库存零部件，负责以最低的成本采购令人满意的零部件，完成上级分配的其他任务	1）熟练掌握机械、液压和电控设备的结构和工作原理，尤其对PLC和工业机器人的故障有丰富的维修经验 2）有多年相关工作经验，拥有中级机修工和电工以上证书 3）能独立分析生产线设备的故障并予以解决

电动汽车总装车间的组织人事结构主要分为：车间主任、车间副主任、车间调度员、车间技术员、车间装配工段长和车间班长，各人员具体岗位职责见表2-7。

表2-7　各管理者的岗位职责

车间主任岗位职责
1）组织实施公司下达的生产计划，保质保量地完成生产任务 2）贯彻、执行公司的成本控制目标 3）根据生产计划核算人员需求 4）推行精益化的管理方法 5）按照公司制度和车间管理制度对车间员工进行奖励与惩罚 6）根据公司的质量要求做好员工的培训工作 7）对车间员工展开教育、培训，宣传公司的各项方针政策 8）处理车间的突发事件
车间副主任岗位职责
1）主动配合并协助车间主任全面落实公司下达的各项工作任务 2）推行落实精益化的管理方法 3）组织、规划、完成车间的生产目标 4）根据生产装配流程和技术要求确定所需人员的资格条件 5）根据生产任务单检查督促调度人员的生产所需资源配给情况和相关进展 6）定期总结与分析生产计划实施情况 7）协助车间主任对车间员工展开教育与培训，宣传公司的各项方针政策 8）协助车间领导做好职工的安全教育
车间调度员岗位职责
1）每天对车间全体人员进行考勤并保证准确 2）对公司生产计划和生产任务单进行分解，统计并落实现有资源 3）根据生产任务以及装配周期进行科学调度 4）负责车间安全装备、灭火器材、防护和急救器具的管理 5）落实车间物料的定置定位管理 6）负责总装车间的所有生产用机械设备的管理工作，建立设备台账 7）负责处理车间发生的紧急事务和值日管理 8）每天下班前对车间内外进行巡查，保证车间的设备和财产的安全

(续)

车间技术员岗位职责	
1）负责解决生产装配过程中出现的各种因设计原因和质量原因发生的问题 2）负责装配过程中的质量和工艺控制 3）做好横向沟通，协商解决存在的问题 4）负责图纸接收登记，资料编制和装配记录的落实和保管 5）负责办公用品、图纸、工艺资料的领用保管以及发放 6）负责车间重要的会议记录，并做好保存 7）负责与技术部、质量部和其他部门的沟通联系 8）负责车间相关文件资料的收集与归档，及其他临时性工作 9）协助技术部和采购物流部门做好 ERP 的实施推广工作	

车间装配工段长岗位职责	
1）组织完善本工段现场 5S 管理，区域定置管理，安全管理等 2）加强对本工段的工位器具、工具和零部件的管理，定期组织抽查、盘点 3）加强本工段的生产管理，减少材料的浪费，把材料支出减少到最低 4）根据车间生产计划做好本工段每日的生产计划、检查、总结、评比工作 5）监督并管理各班组人员按装配的工艺、质量和规范要求进行操作 6）注意工作方法，调动员工积极性，关心员工生活，为员工分忧解难 7）定期向领导汇报工段的工作情况 8）下班前带领车间职工按"三定管理"和"5S"的要求进行日常的清洁整理	

车间班长岗位职责	
1）遵守车间的各项管理规定，在工作中起到模范带头的作用 2）带领全班保持良好的工作态度 3）做好本班组组员的培训、指导工作 4）能组织员工积极参加车间各项活动 5）控制好人员工作时的身心状态，防止员工旷工情况的出现 6）提倡节约节俭的工作作风，每日下班前进行日清工作 7）下班前带领车间职工按"三定管理"和"5S"的要求进行日常的清洁整理 8）严格执行各项规章制度，监督考勤，公平填报，维护集体利益	

学习任务4 总装车间事件处理方案

学习目标：掌握电动汽车总装车间事件处理方案。

能力目标：培养学生归纳和学习相关资料的能力。

知识准备：

电动汽车总装车间除了正常的营运作业之外，会有突发事件发生，其危害之大是不可估量的。因此，为减少和降低财产的损失和人员的伤亡，迅速、有效地处理紧急事件，进行抢救作业，是电动汽车总装车间管理人员，特别是重点负责此部分工作的安全生产部门必须具备的能力和素质。

问题引导1：总装车间有哪些安全基础知识？

1. 消防安全知识

消防工作是人们同火灾做斗争的一项专门工作，它的任务是"预防火灾和减少火灾危害，保护人身和财产的安全，维护公共安全，保障社会主义现代化建设的顺利进行。"做好消防工作是国家建设的需要，是全体社会成员的共同责任。任何单位和个人都有维护消防安全和预防火灾的义务，常见火灾类型见表2-8。

表2-8 常见火灾类型

火灾类型	火灾定义	扑救方式
A类火灾	指固体物质火灾，如木材/棉花	水型，泡沫型，磷酸铵盐型灭火器
B类火灾	指液体和可融化的固体火灾，如油品和石蜡	干粉，泡沫，二氧化碳型灭火器
C型火灾	指气体火灾，如煤气和甲烷	干粉，二氧化碳型灭火器
D型火灾	指固体金属，如钾/钠/镁	干粉，二氧化碳型灭火器

（1）电器火灾的扑救措施

断电灭火：为了防止在救火时发生触电事故，应当与电工等有关人员配合，尽快设法切断电源,当电压在 250V 以下时,可穿绝缘靴,戴绝缘手套,用断电剪刀把电线剪断。

带电灭火:对电器火灾灭火时,可用二氧化碳、干粉、1221 等不导电的灭火器进行灭火,如图 2-15 所示。

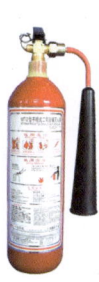

图 2-15　常用灭火器

(2) 每个员工都应做到三懂三会(图 2-16)

图 2-16　三懂三会

(3) 火灾中的"隐形杀手"——有毒气体

熟悉环境:留心安全出口位置、避难间、报警器、灭火器的位置及其可能作为逃生器材的物品,并养成良好的习惯。

要防烟:一旦确认起火,不管附近有无烟雾,都应采取防烟措施,常见措施是用湿毛巾捂住鼻口,逃生时尽量伏下身体(烟雾都向上飘散)。

设法逃生:要稳定情绪,克服惊慌,冷静地选择逃生办法和途径。不要贪恋财物,不要向狭窄角落逃避,如图 2-17 所示。

图 2-17　火灾逃生

火灾逃生方法：寻找出口、迅速报警、舍财保命、可向卫生间转移、谨慎跳楼、结绳自救、紧急求援

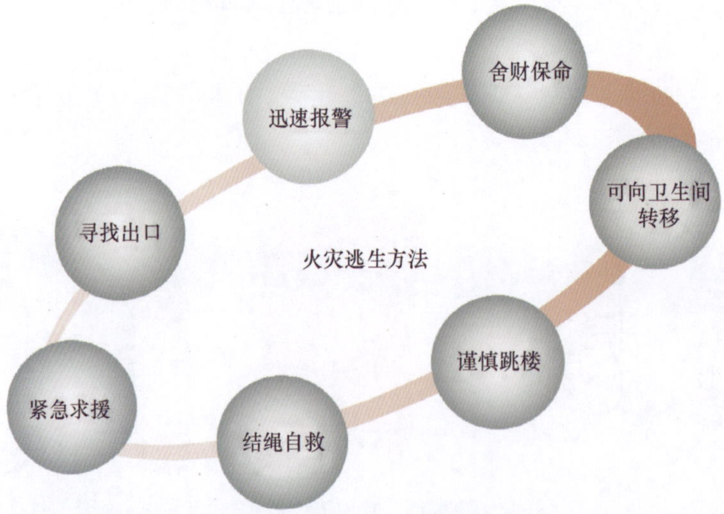

图 2-17　火灾逃生（续）

2. 电动汽车防水安全

电动汽车的电器部件很多都没有做到完全防水，尤其是安装在地板下的电池箱因为有通风孔，涉水较深可能进水引起短路。车辆停放时，注意避免停放在有积水、地势低洼的地带，车辆尽量停放在干燥通风处。水深超10cm时，尽量避免涉水行驶。雨天行车，要十分留意路面积水的深浅。当积水深度超过10cm后，建议不要涉水行驶，图2-18为电动汽车涉水行驶。

图 2-18　电动汽车涉水行驶

3. 强电安全

触电一般指人体触及带电体时，电流对人体所造成的伤害。电流对人体的伤害是多方面的。根据伤害的性质不同，触电可分为电伤和电击两种。常见电流的种类见表2-9。

表 2-9　常见电流的种类

	直流电	交流电
电流种类	36V以下对人体是安全的	40~100Hz（工频电50Hz比较危险），若频率为20000Hz，对人体危害非常小，应用于医学上的理疗，电压高也无妨
电流对人体的伤害	电流对人体的伤害分为：触电、电伤和电击	13mA——电疗（1mA—手麻）
		3~10mA——有刺痛感，可自行摆脱
		10~30mA——人体肌肉抽搐，短时间内没问题
		30~50mA——强烈的肌肉抽搐，大于60s将有生命危险
		50~250mA——心脏颤抖，有严重危害
		大于250mA——1s以上，心脏停止，内脏受伤
电击使人致死的原因	流过心脏的电流过大、持续时间过长引起"心室纤维性颤动"而致死	
	电流作用使人窒息而致死	
	电流作用使心脏停止跳动而致死	

电伤是指由于电流的热效应、化学效应和机械效应对人体的外表造成的局部伤害，如电灼伤、电烙印和皮肤金属化等。对于高于1kV以上的高压电气设备，当人体过分接近它时，高压电可将空气电离，然后通过空气进入人体，此时还伴有高电弧，能把人烧伤如图2-19所示。

 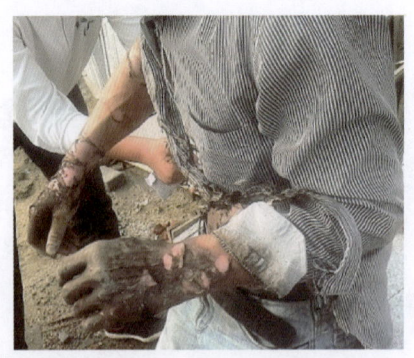

图 2-19　触电及电伤

问题引导 2：总装车间的设备如何安全使用？

1. 汽车二柱举升器安全操作规程

汽车二柱举升器是指汽车行业用于汽车举升的重要设备，其发挥的作用至关重要，其产品性质和质量的好坏直接影响维修人员的人身安全，具体操作如图 2-20 所示。

总装主要设备

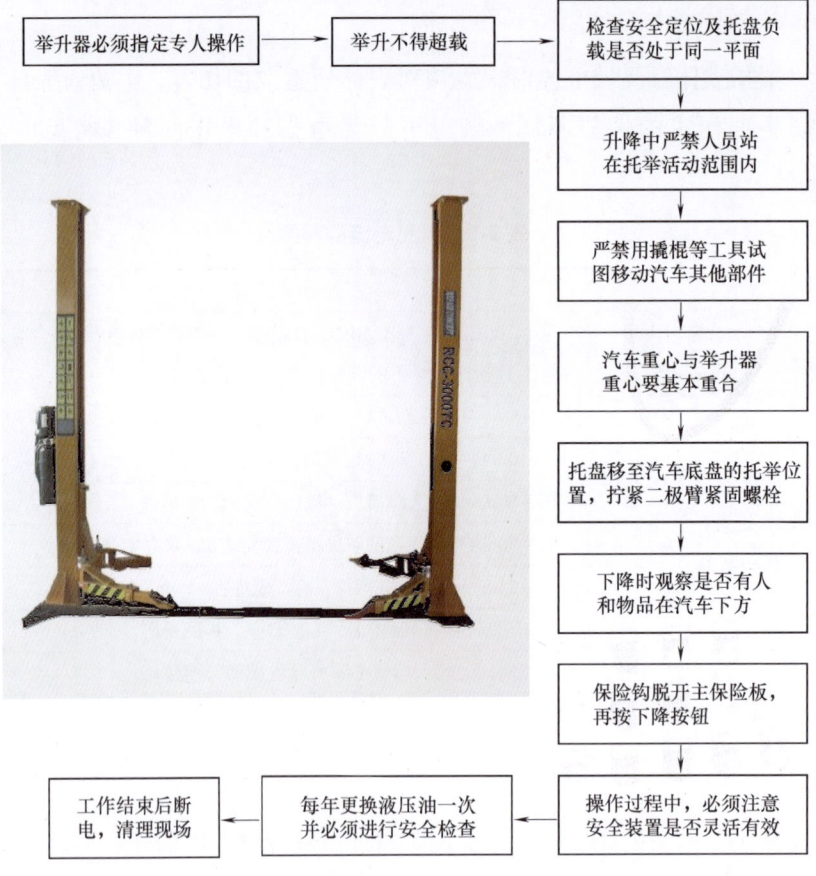

图 2-20　二柱举升器安全操作规程

2. 叉车的安全操作规程

叉车是工业搬运车辆，是指对成件托盘货物进行装卸、堆垛和短距离运输作业的各种轮式搬运车辆，具体操作如图 2-21 所示。

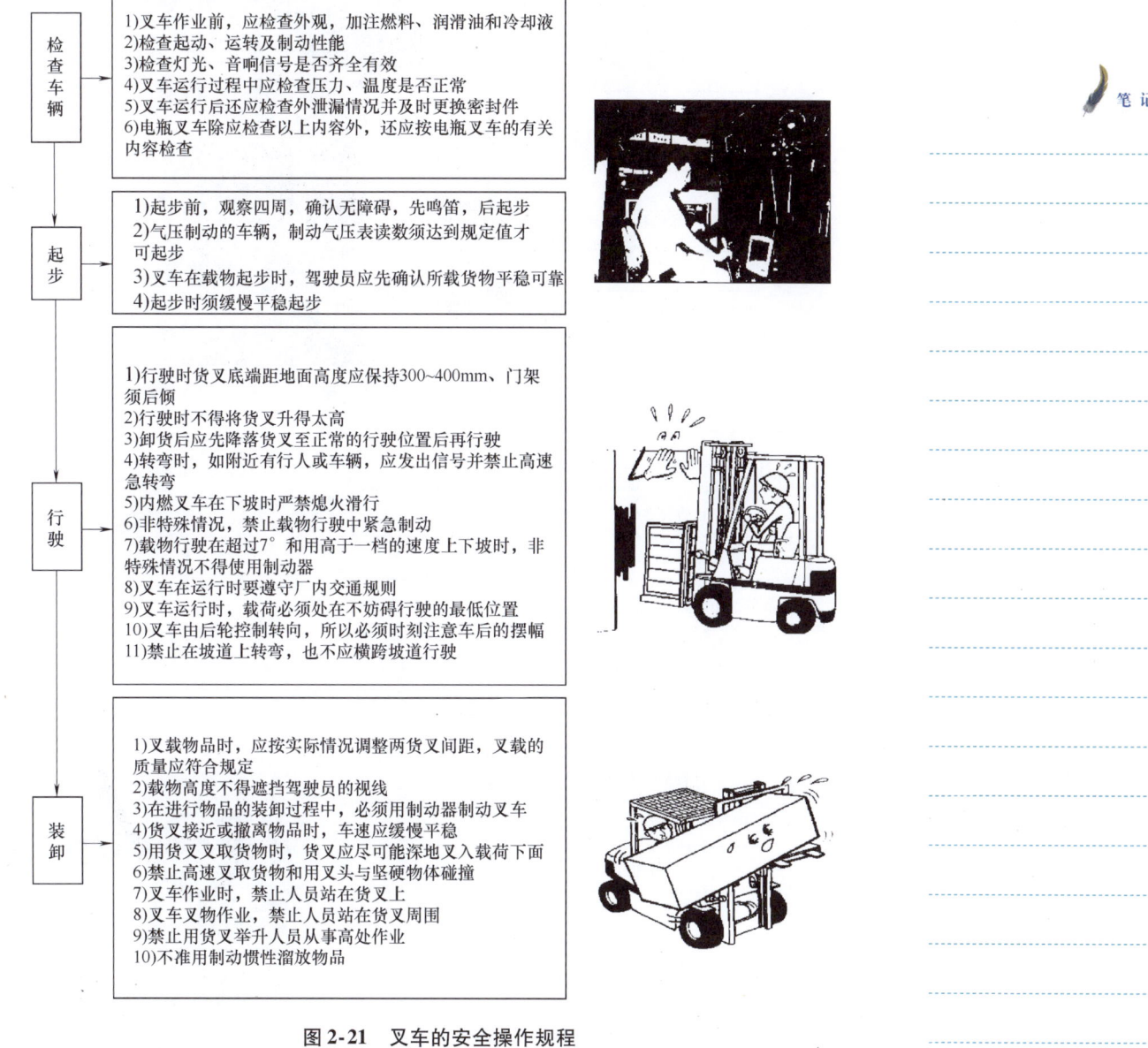

图 2-21　叉车的安全操作规程

3. 升降机操作规程

升降机是一种多功能升降机械设备，可分为固定式、移动式、导轨式、曲臂式、剪叉式、链条式和装卸平台等，具体操作如图 2-22 所示。操作者必须经过培训合格后方可操作。

4. 加注设备操作规程

电动汽车制造中用到的加注设备主要是向电动汽车加注空调冷媒、玻璃水和防冻液，具体操作如图 2-23 所示。操作者必须经过培训合格后方能操作。

笔记

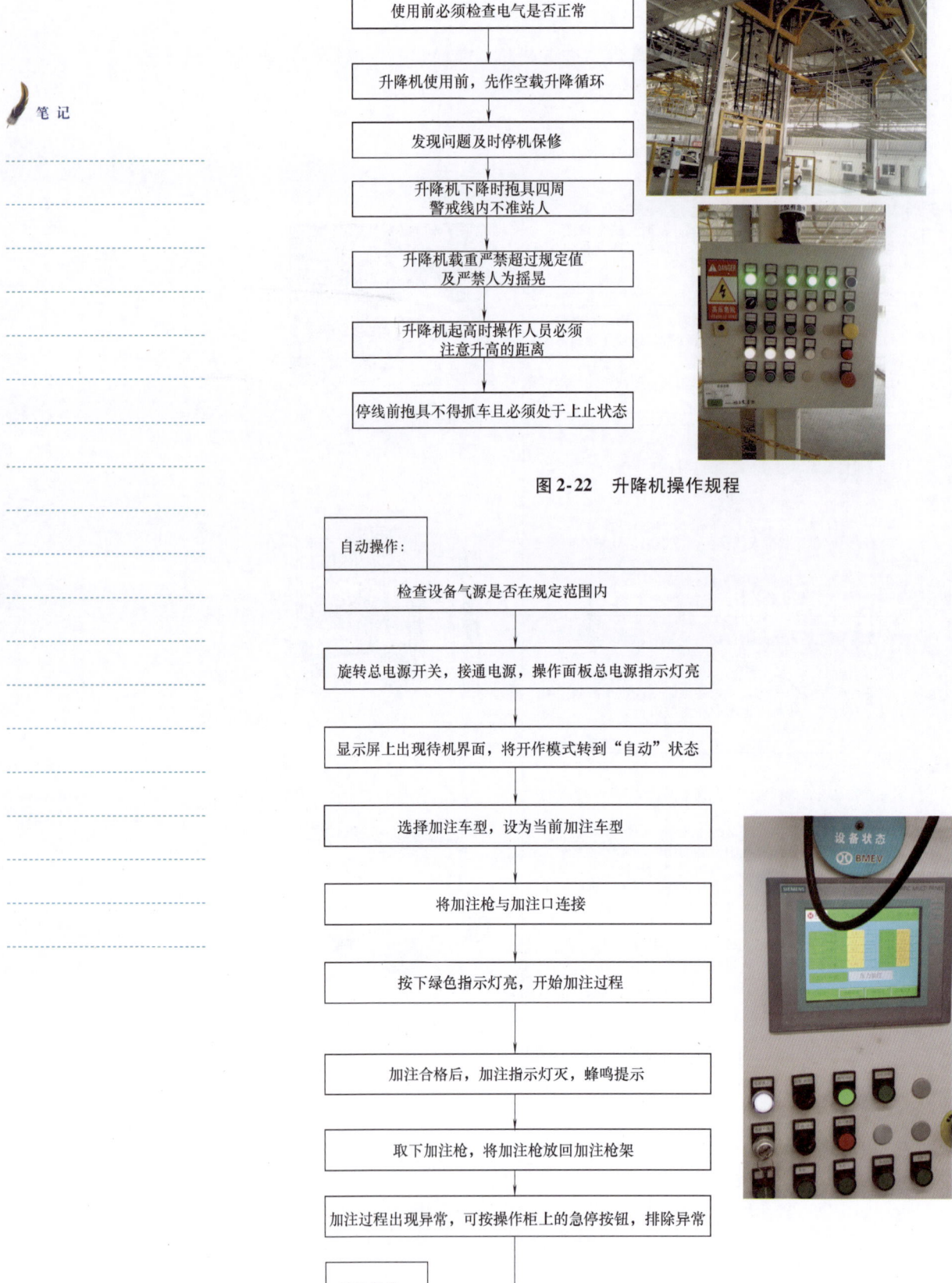

图 2-22　升降机操作规程

图 2-23　加注设备及操作规程

图 2-23　加注设备及操作规程（续）

问题引导 3：总装车间的事件处理预案有哪些？

1. 人员触电处理预案

在车间调试或充电时人员如发生触电情况，具体处理如图 2-24 和图 2-25 所示。

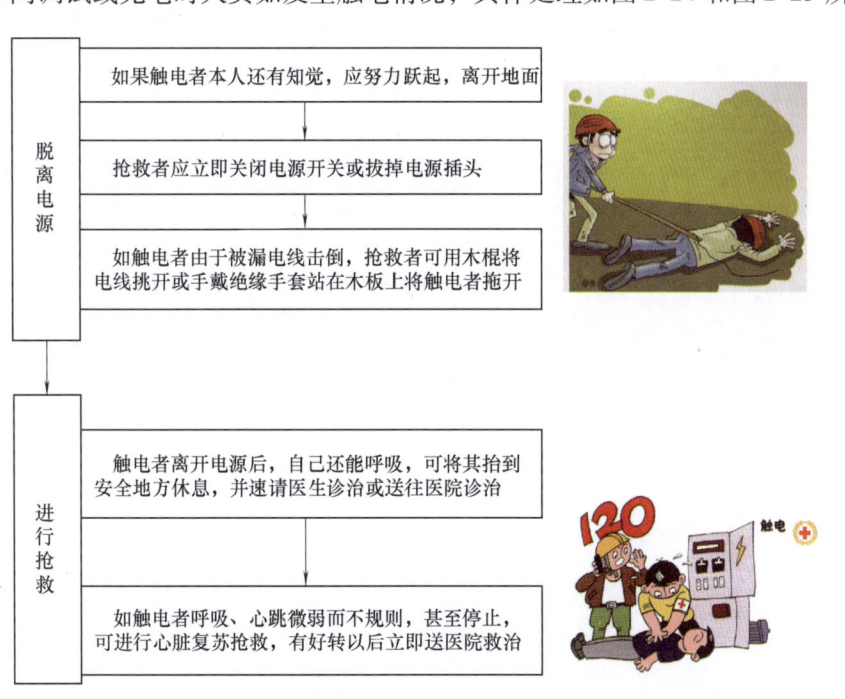

图 2-24　人员触电处理预案

电动汽车出现漏电的事故原因一般为：插头进水、电线皮损坏裸露、接线端脱落碰到金属外壳等。人员触电一旦发生，大都为时已晚。所以，在触电方面要特别强调预防。

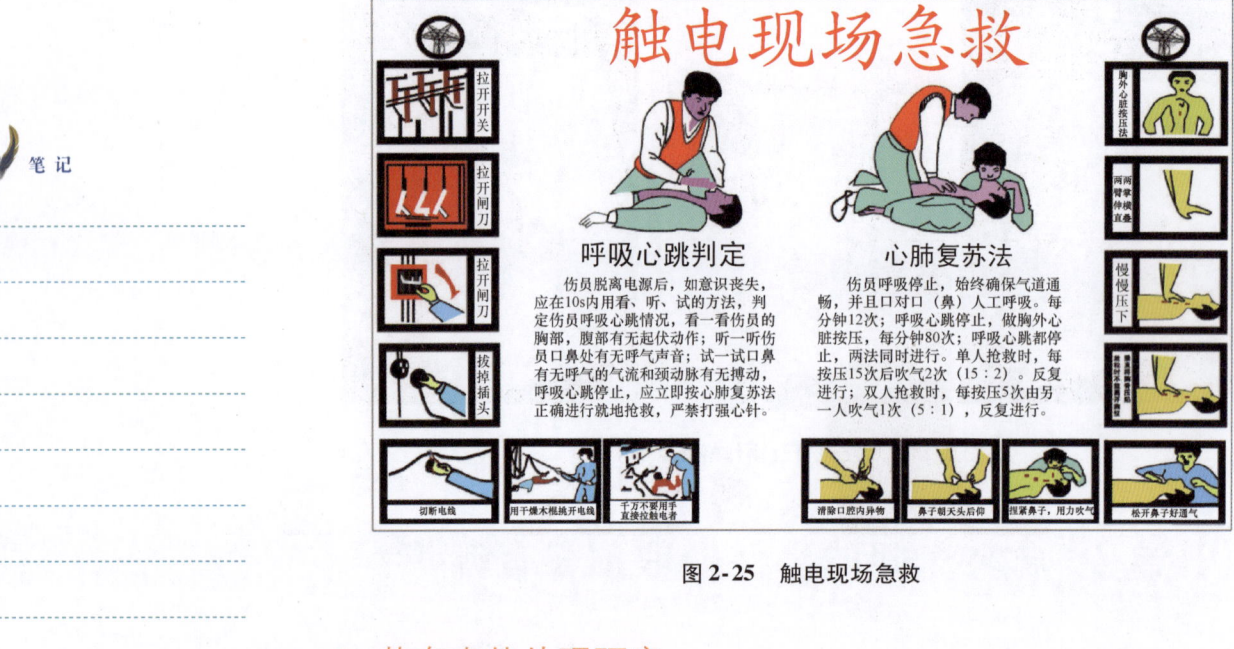

图 2-25　触电现场急救

2. 整车事件处理预案

（1）整车起火

整车在车间调试或充电时发生起火情况，不要惊慌，立即切断电源后，使用二氧化碳灭火器或干粉灭火器灭火，灭火器和消防栓的使用方法如图 2-26 所示，使用误区如图 2-27 所示。

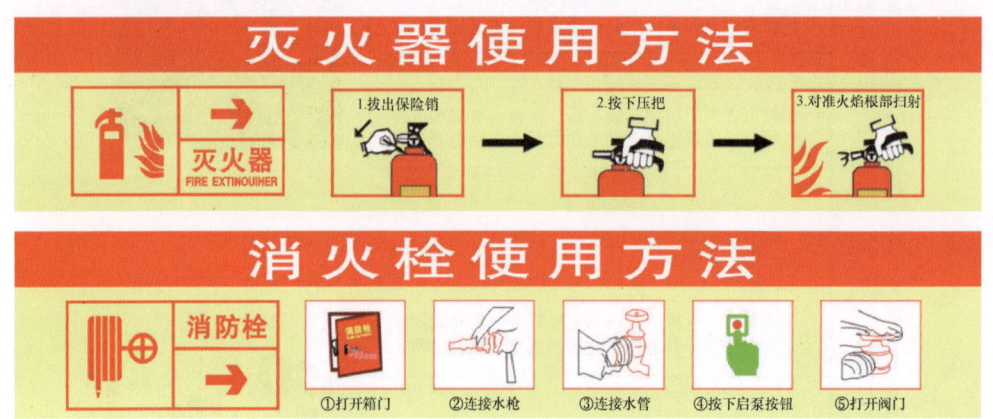

图 2-26　灭火器和消防栓的使用方法

起火的可能原因：充电机出故障温度失控导致元件起火；电线插头接触不良，通电时打火引燃电线绝缘层；动力电池内部故障爆炸起火。

当汽车着火应立刻停车，迅速取出灭火器，火小可直接用灭火器灭火，火大可先用灭火毯压住火势再用灭火器灭火，电池箱起火可拉开地毯，使用二氧化碳灭火器从电池

图 2-27　灭火器的三个误区

箱进气口喷二氧化碳灭火。

（2）整车运行时故障处理

整车运行过程中，发生转向助力失效或真空助力失效时的处理方法，如图 2-28 所示。

图 2-28　助力失灵时的处理方法

整车运行过程中，发生机舱着火时的三种情况，如图 2-29 所示。

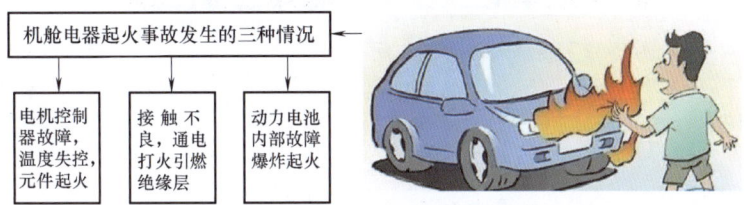

图 2-29　机舱着火时的三种情况

整车运行过程中，当电机控制器出故障、控制程序受干扰失控、电子加速踏板出故障等情况出现时，要注意操作程序，以防发生车辆事故。具体步骤如图 2-30 所示。

图 2-30　电机控制器故障处理的步骤

知识拓展

腾势汽车生产车间坐落在比亚迪位于深圳坪山的基地内，相对完善的基础设施为这个国产新品牌电动汽车生产企业提供了较好的条件，如图 2-31 所示。

图 2-31　腾势汽车工厂

腾势总装车间原本是比亚迪工厂的33号厂房，该厂房建立于2010年9月，2012年11月为腾势投产进行了改建，改建过程由中德双方参与，最后于2013年6月改建完毕，如图2-32所示。与其他工厂投产一款新车型相同，投产初期是比较困难的，每道装配工序都需要依靠大量严谨的工作来反复验证，从而逐步完善质量以确保最终的产品质量。

图2-32　腾势汽车总装车间

比亚迪集团各部门负责着比亚迪在不同技术领域的研发和制造工作。比亚迪内部把它们按不同职能分为19个部门，如图2-33所示。

看似无迹可寻的各个事业部实际上涉及了整个汽车制造业的绝大多数环节，在根本上实现了研发、生产的直接把控，无论是在成本方面，还是在未来发展的布局方面，都占据了主动。

现有的腾势工厂总装车间共有60个装配工位，整个主装配线由内饰装配线和底盘装配线以及检测线组成，此外还有仪表台分装线，如图2-34所示。目前，总装车间每一个小时可以生产3辆车，未来的二期项目就位后，可将每辆车的生产时间缩短为4min。

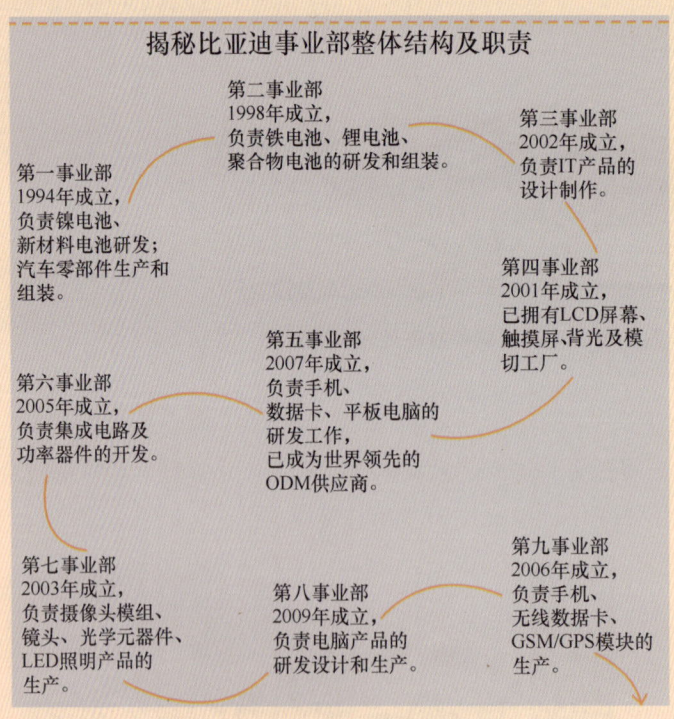

图2-33　比亚迪集团内部的事业部

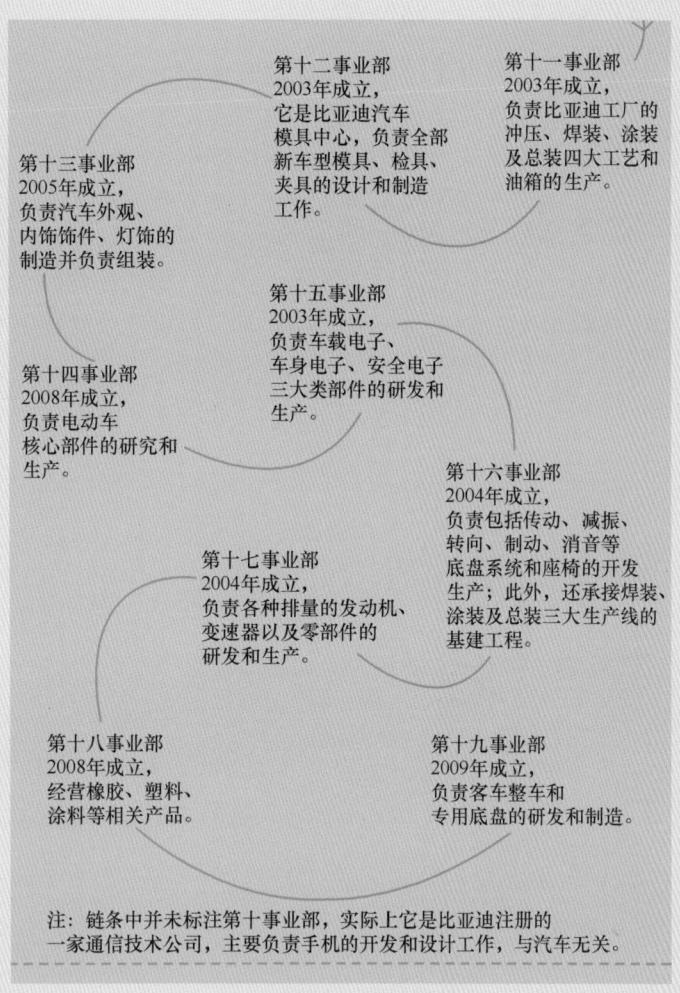

图 2-33　比亚迪集团内部的事业部（续）

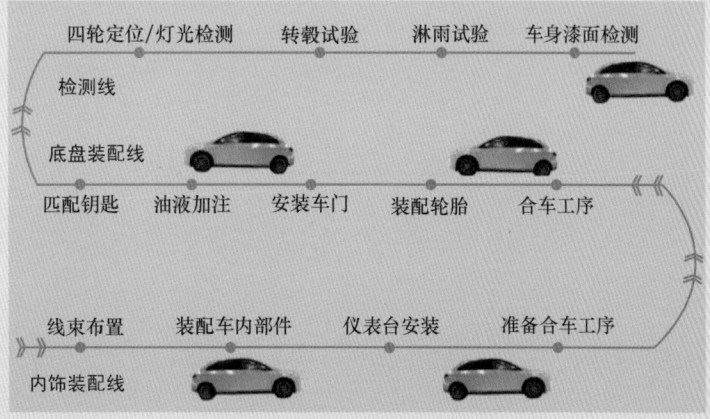

图 2-34　腾势总装生产线

> **你知道吗**
>
> 1. 电动汽车总装车间主要完成哪些工作?
> 2. 电动汽车总装车间主要有哪些设备?
> 3. 电动汽车总装车间主要有哪些生产线?
> 4. 电动汽车总装车间对于装配工有哪些要求?
> 5. 电动汽车总装车间对于维修工有哪些要求?
> 6. 强电对人体有哪些危害?应该如何处理?
> 7. 电动汽车失控可能有哪些原因?应该如何处理?

学习情境3

电动汽车装配基本技能学习

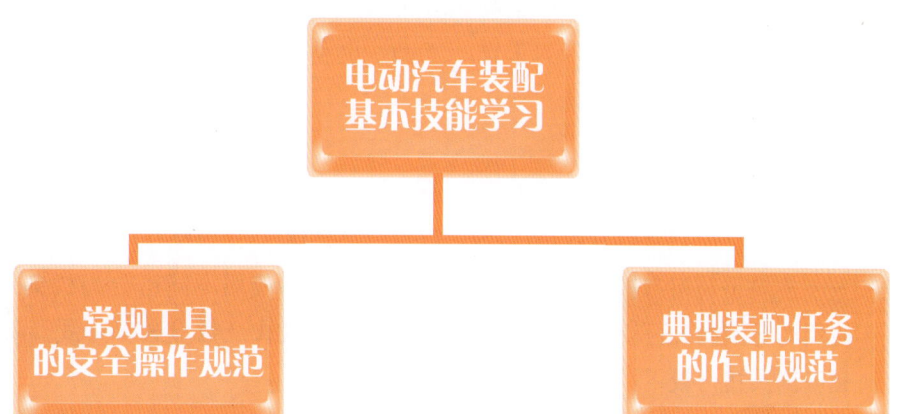

学习任务1　常规工具的安全操作规范

学习目标：掌握常规工具的安全操作规范。

能力目标：培养学生实际操作动手能力。

知识准备：

在电动汽车装配线上拧紧螺纹常用的工具是各种规格的扳手和螺钉旋具等，这些工具按动力提供形式可分为手动、气动、电动和液压等类型，其中最常用的是手动工具、气动工具及电动工具。

问题引导1：如何安全操作常规手动工具？

常规手动扭力扳手的种类有很多，按结构和应用不同可分为机械式、电子式；按使用场合不同又可以分为定值式、可调式、表盘式及数显式等形式。其中常用定值式和可调式扭力扳手，见表3-1。

表3-1　手动扭力扳手的分类

类型	定值式扭力扳手	可调式扭力扳手
特点	定值式扭力扳手又称预置式扭力扳手，其拧紧力矩的大小由专用仪器调到所需的力矩，此种扳手适用于大批量生产的工厂企业。其优点是体积小、精度高、经久耐用、使用方便，达到规定的力矩值能自动报警；缺点是对操作人员的技术要求比较高，使用不当可能会产生较大的误差	可调式扭力扳手主要是增加了手动调节机构。可调式扭力扳手的手柄上带有刻度，使用人员可以根据自己的需要调整力矩的大小。其主要用于维修及单件生产等场合。可调式扭力扳手的主要优点是体积小、使用方便、达到最大力矩值时能报警；主要缺点是经过一段时间的使用后精度容易降低

总装车间现场工具介绍

(续)

类型	定值式扭力扳手	可调式扭力扳手
图例		

操作时手握在扭力扳手手柄的中间刻度线位置，如图 3-1 所示。套筒与螺母或螺栓应稳固连接，即插入到位。操作时施力方向应与螺母的底平面平行，其误差在水平方向和垂直方向都不超过 ±15°；用力应缓慢平稳，切忌冲击力，当听到发出"咔嗒"声后应该立即停止。

开始使用扭力扳手前，应检查工具，特别应检查扭力扳手的力矩设定值是否正确。操作时用力应缓慢平稳，听到扭力扳手信号响后，应立即停止转动。坚决杜绝在扭力扳手手柄处增加加长力臂。扭力扳手的注意事项如图 3-2 所示。

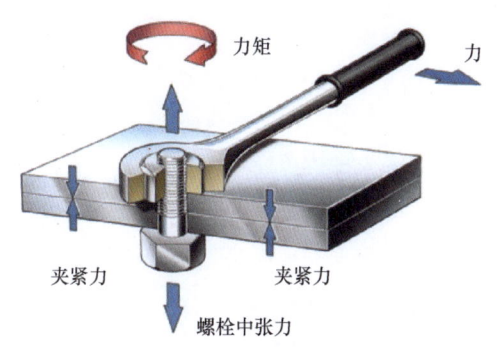

图 3-1　手动扭力扳手的使用

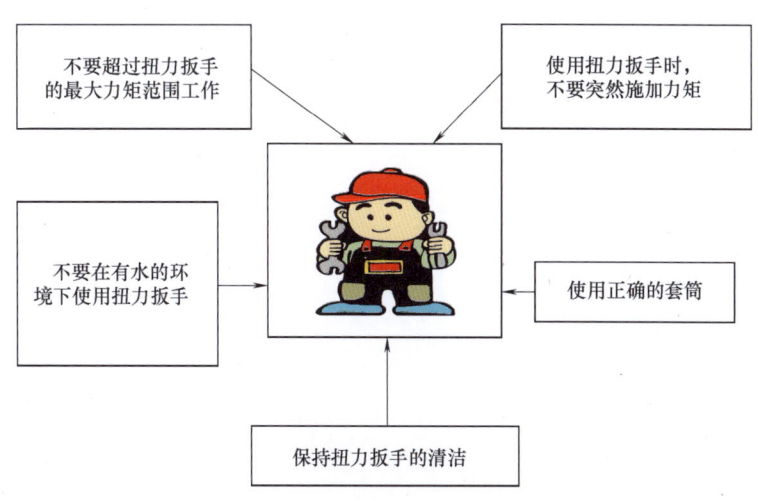

图 3-2　扭力扳手的注意事项

问题引导2：如何安全操作常规气动工具？

在汽车装配线上常用的气动工具有拧紧或旋松螺栓、螺母用的气动扳手及拧紧或旋松螺钉用的气动螺钉旋具。

1. 气动扳手

气动扳手是以压缩空气作为动力的工具，广泛应用于汽车及各种机械设备的制造和修理上。

气动扳手的类型较多，按其功能分为普通的冲击式气动扳手和定力矩气动扳手等；按其结构形式分为弯头式气动扳手、直柄式气动扳手和手枪式气动扳手三种。下面简要介绍冲击式气动扳手和定力矩气动扳手，详见表3-2和表3-3。

气动工具的使用

表3-2　气动扳手分类

类　型	冲击式气动扳手	定力矩气动扳手
特点	冲击式气动扳手用开关调节进气量的大小来控制转速或扭紧力矩的大小，其外形结构有手枪式和直柄式两种。冲击式气动扳手结构简单、耐用，通常用于螺栓尺寸较大且拧紧力矩要求不严格的场合	定力矩气动扳手通过调整气体压力来控制力矩的大小，并根据工艺需要设定力矩，工作时达到设定力矩后即自动停止运转。其外形结构有弯头式、直柄式和手枪式三种。定力矩气动扳手具有体积小、质量轻、单位重量输出功率大、可以实现大力矩输出、反作用力小、环境污染小及成本低等优点，但其结构相对复杂
图例	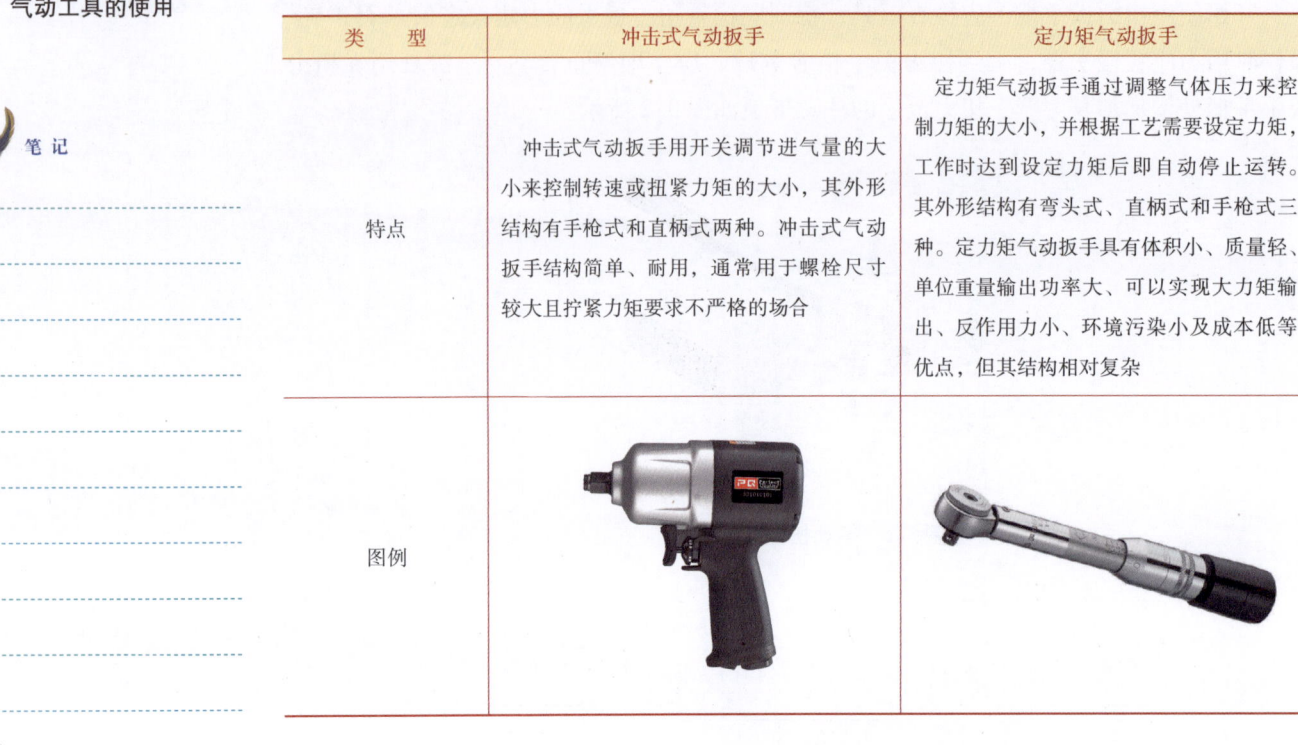	

表3-3　冲击式扳手和气动直角扳手比较

种　类	优　点	缺　点	应用范围
冲击式扳手	1. 很小的推斥力 2. 小而轻 3. 成本低	1. 噪声大 2. 持久力短 3. 力矩控制困难 4. 依赖工人状态	1. 不需要力矩控制 2. 维修场所 3. 不能做软紧固
气动直角扳手	力矩控制好	1. 推斥力大 2. 速度低	1. 小力矩场所 2. 工作易于操作区 3. 能用软紧固

使用方法及注意事项：
1) 使用前要进行检查，如发现问题应及时进行修理。
2) 套头没完全套住螺母之前，严禁按动开关。
3) 禁止带风装卸气动扳手套头和清洗气动扳手。
4) 使用时不要超负荷，不要高速空转。
5) 使用中发生故障时，应立即停机并送交相关部门及时检修。
6) 扳手使用完毕后，应用棉纱擦拭干净，并放入支架。

润滑及保养：
1) 每班次必须从接管内孔注入润滑油 3~4 次。
2) 扭力扳手每拆装螺钉约 8000 次或工作 40h 后，应拆下工具上注油位置的注油螺钉注入润滑油来润滑。

2. 气动螺钉旋具

气动螺钉旋具是通过压缩空气进行驱动的螺钉旋具，其外壳常采用金属材料，防静电性能较好，但手感比电动螺钉旋具稍差。

气动螺钉旋具的类型较多，按功能不同分为定力矩气动螺钉旋具和打滑式气动螺钉旋具；按其外形结构不同可分为弯角式、直柄式及手枪式气动螺钉旋具。常见气动螺钉旋具如图 3-3 所示，气动螺钉旋具分类见表 3-4。

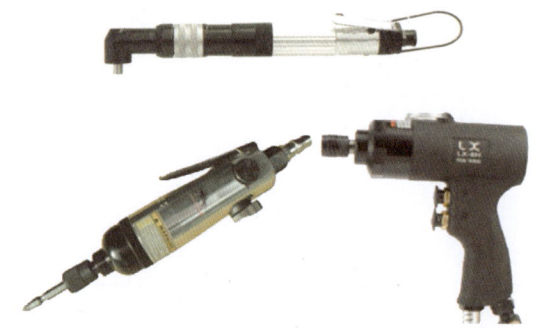

图 3-3 气动螺钉旋具

表 3-4 气动螺钉旋具分类

类型	定力矩气动螺钉旋具	打滑式气动螺钉旋具
特点	定力矩气动螺钉旋具可通过开关调节进气量的大小来控制转速或扭力的大小，其特点是噪声小、质量轻、反作用力小、运转平稳。拧紧精度较高，但适用力矩范围小。常用于力矩小于 20N·m 且力矩要求高的场合	打滑式气动螺钉旋具不能调节转速与力矩，其主要靠自身的打滑来保证一定的拧紧力矩，其特点是噪声小、质量轻、反作用力小、运转平稳，但拧紧精度较低，常用于力矩小于 20N·m 且力矩要求较低的场合
图例		

使用注意事项：

1）严禁摔打螺钉旋具。
2）严禁用胶纸或布缠住螺钉旋具的出风孔。
3）操作时应使螺钉旋具纵向轴线与螺钉轴线在同一条直线上。
4）刀头与螺钉头部形状应匹配，力度要与生产工艺相符。

问题引导 3：如何安全操作常规的电动工具？

电动工具的使用

在汽车总装作业中常用的电动工具有电动扳手和电动螺钉旋具。电动扳手就是以电源或电池为动力的扳手，是一种拧紧螺母或螺栓的工具，主要分为冲击扳手、扭剪扳手、定扭力扳手、转角扳手和充电式电动扳手等。电动螺钉旋具是以电源或电池为动力的拧紧螺钉的工具，其在工厂使用的类型种类很多。

1. 电动扳手

在汽车总装工作中常用的电动扳手主要有电动冲击扳手和电动定扭力扳手，具体类型的比较和注意事项详见表 3-5 和表 3-6。

表 3-5　电动扳手分类

类　型	电动冲击扳手	电动定扭力扳手
特　点	电动冲击扳手的特点是具有旋转切向冲击机构，工作时反作用力矩小，操作简便。电动冲击扳手主要用于初紧螺母或螺栓	电流式定扭力扳手根据电动机拧紧过程中电流值的变化来判断扭力值。电动定扭力扳手具有精度高、故障率低、寿命长、可编程、可对力矩和角度进行控制、可选择多种力矩的优点，其缺点是价格较高
图　例		

表 3-6　电动扳手使用注意事项

电动扳手的检验及保养	电动扳手的操作注意事项
① 电动扳手的金属外壳应接地，并应有定期检验试验合格证，且在有效期限内 ② 检查电动扳手机身安装螺钉紧固情况 ③ 检查手持电动扳手手柄是否完好	① 根据螺母大小选择合适的套筒，并正确安装 ② 在送电前应确认电动扳手的开关处于断开状态，避免导致人员伤害 ③ 在使用时找好反向力矩支撑点，以防反作用力伤人 ④ 使用时发现电机电刷火花异常时，应立即停止工作，进行检查并排除故障

2. 电动螺钉旋具

电动螺钉旋具类型较多，按使用电源分类可分为直流螺钉旋具和交流螺钉旋具；按控制方法可分为全自动螺钉旋具和半自动螺钉旋具；按螺钉拧紧力矩的控制方式可分为电子控制式电动螺钉旋具和机械控制式电动螺钉旋具；按手持方式可分为手枪式电动螺钉旋具和直柄式电动螺钉旋具等，如图 3-4 所示。电动工具安全防护类型见表 3-7，电动工具检查项目如图 3-5 所示。

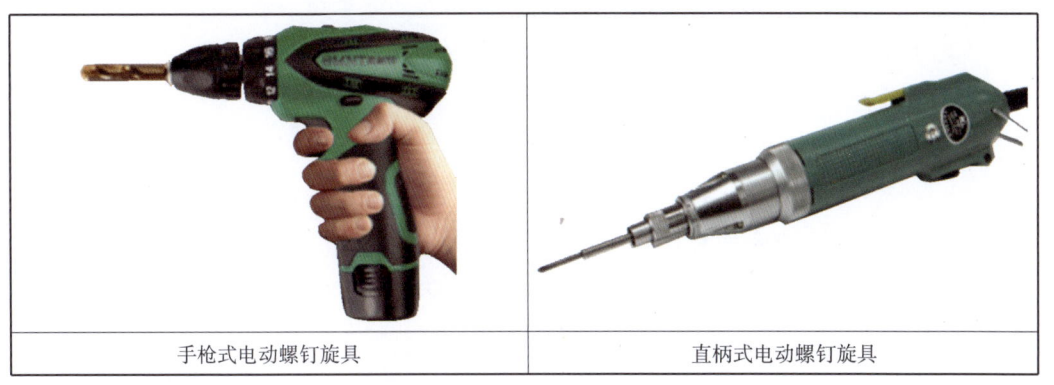

| 手枪式电动螺钉旋具 | 直柄式电动螺钉旋具 |

图 3-4　电动螺钉旋具分类

电动螺钉旋具使用注意事项：

1）选择刀头时应使刀头形状与螺钉头形状吻合，以免损伤螺钉头。

2）拧紧力矩应符合装配要求，力矩过大会损坏螺钉或使电机过载；力矩过小则会使螺钉拧不紧，从而达不到螺纹夹紧力的要求。

3）作业时螺钉、刀头应保持一条直线，且垂直于螺纹孔，并应连续缓慢、平稳地施加压力。

表 3-7　电动工具安全防护类型

Ⅰ类工具安全防护	工具中设有接地装置，绝缘结构中全部或多数部位绝缘，故不致成为带电体，可防止操作者触电
Ⅱ类工具安全防护	这类工具的绝缘结构由基本绝缘和附加绝缘构成的双重绝缘或加强绝缘组成，Ⅱ类工具必须采用不可重接电源插头，不允许接地
Ⅲ类工具安全防护	这类工具由安全电压电源供电，Ⅲ类工具上不允许设置保护接地装置

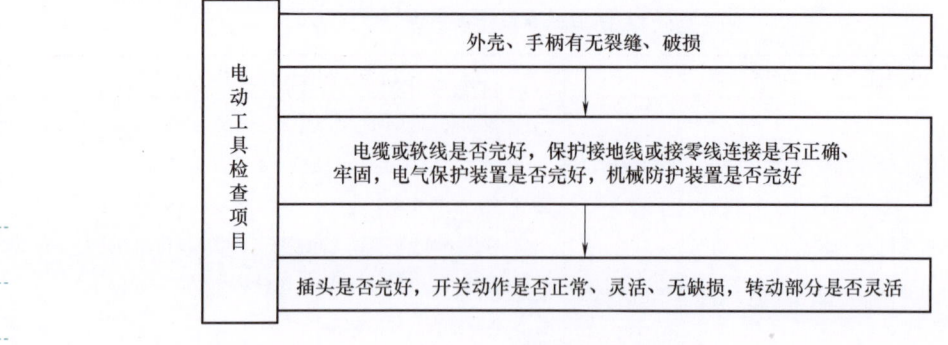

图 3-5　电动工具检查项目

使用注意事项：

1) 连接电动机械及工具的电气回路应单独设开关或插座，并装设漏电保护器，金属外壳应接地；严禁一闸接多台设备。

2) 电流型漏电保护器的额定漏电电流不得大于 30mA，动作时间不得大于 0.1s；电压型漏电保护器的额定漏电电压不得大于 36V。

3) 电动工具应使用双重绝缘或者接地保护。

4) 手持式电动工具的负荷必须采用橡皮护套铜芯软电缆，并不得有接头。

5) 工具不用时要把插头拔下，拔插头时不要猛拽电线。

6) 工作地点应有充足的照明。

维护与保养：

1) 定期对工具进行维护，保障机具整体清洁使其处于良好的工作状态。

2) 定期更换新电刷和电源线，以确保其导电性能良好。

3) 电动工具的绝缘电阻应定期用 500V 的兆欧表进行测量，如带电部件与外壳之间绝缘电阻值达不到 2MΩ 时，必须进行维修。

4) 电动工具的电气部分经维修后，必须进行绝缘电阻测量及绝缘耐压测试，试验电压为 380V，试验时间为 1min。

5) 定期检查传动部分的轴承、齿轮及冷却风叶是否灵活完好，适时对转动部位加注润滑油，以延长机具的使用寿命。

6) 非金属壳体的电机和电器，在存放和使用时不应受压、受潮，并不得接触汽油等溶剂。

7) 机具使用完毕后应及时归还工具库并要妥善保管，杜绝工具放在个人工具柜内过夜。

工具管理注意事项：

1) 固定资产工具由班长到工具室根据工程师下发工具台账进行统一领取。

2) 操作者使用的气动（电动）工具，班后及时锁在工具箱内。

3) 气动工具不能当其他工具使用，不能乱扔、乱磕碰。

4) 扭力扳手应正确使用，不能代用工具使用。

5) 扭力扳手应定期检测。

6）班组每天在气动扳手交接时，首先检查合格标签是否完好，若合格标签损坏或丢失，必须及时到工具室进行更换。

7）气动工具定期加注专用保养油。

8）因生产需要，确需自制、改制工具，需经车间有关人员同意后方可。

学习任务2　典型装配任务的作业规范

 学习目标：掌握典型装配任务的作业规范。

能力目标：培养学生实际操作动手能力。

知识准备：

　　电动汽车总装是将动力总成、底盘、车身和内饰等各个部分组装到一起，形成一辆完整的电动汽车。动力总成、底盘、车身和内饰的组装是通过紧固件、密封件和连接件的装配实现的。因此，对电动汽车装配人员进行装配紧固件、密封件（密封塞和螺母垫片）和连接件等装配基本技能的训练是至关重要的。

　　在开始进入工位前必须穿戴好安全鞋帽等劳保用品，不能穿凉鞋或者运动鞋，操作时必须佩戴手套。还必须做到不伤害自己、不伤害别人和不被别人伤害的"三不伤害"。

问题引导1：如何安装螺纹紧固元件？

总装车间汽车零件、部品和模块

　　在电动汽车总装车间，螺纹连接是应用最普遍和最多的连接方式，汽车螺纹力矩控制是总装车间控制的重点之一，也是保证整车品质的重要因素。为有效地控制整车力矩，使所有出厂的整车力矩达到规范要求，确保整车的安全性与可靠性，必须在出厂前对整车的力矩进行检验，如图3-6所示。另外，螺纹连接是可拆卸的，这给装配和维修带来了诸多方便，但是如果不按规定装配，也会造成无法预想的后果。

1. 紧固方式

　　汽车螺纹力矩紧固工具有：电动工具（具有防错功能）、气动定扭工具（具有防错功能）、气动工具和定扭力扳手及电池定扭工具（适用于小力矩的安装部位）等。目前，电动汽车制造厂总装车间螺纹力矩紧固最常用的方式为气动工具和定扭力扳手，

图 3-6　力矩的检验

此种方式受人为因素及其他影响因素较多,对最终的力矩有较大影响。为了保证产品质量,需要加大紧固后的检验频次,提高检验质量,表 3-8 列出了常见螺纹紧固件,表 3-9 列出了常用螺栓规格。

表 3-8　常见螺纹紧固件

螺纹副		紧固件名称及简图		
普通螺母	外螺母	六角螺栓	六角螺杆带孔螺栓	双头螺柱
普通螺母	外螺纹	螺钉（十字槽沉头螺钉）	自攻螺钉	
普通螺母	内螺纹	六角螺母	六角开槽螺母	

(续)

螺纹副	紧固件名称及简图		
管螺纹	直通街头（球面式）	直通街头（平面式）	六角穿孔螺栓
车轮螺母	球面螺母		

表 3-9 常用螺栓规格

常用螺栓规格	力矩（N·m）	
	8.8 级	10.9 级
M8	16 ~ 30	—
M10	36 ~ 63	50 ~ 80
M12	70 ~ 110	90 ~ 135
M16	180 ~ 240	220 ~ 300

2. 检验方法

目前，常用的螺纹力矩检验法主要有：回程力矩法、加拧力矩法、标记法和 T 点法。汽车行业螺纹力矩检验普遍采用加拧力矩法，见表 3-10。

表 3-10 常用螺纹检验方法

检验方法	加拧力矩法	回程力矩法	T 点法	标记法
确定方法力矩值	用扭力扳手将紧固的螺纹进一步拧紧，螺纹再次旋动时的力矩值	用扭力扳手松开紧固的螺纹，螺纹开始旋动时的力矩值	用扭力扳手将紧固的螺纹再次旋动时的角度-力矩曲线算出的拧紧力矩值	在紧固的螺纹上做好标记后松开，然后再次拧紧到标记位置时的力矩值
$\alpha = \dfrac{\text{检验力矩}}{\text{紧固力矩}}$	0.9 ~ 1.2(1.05)	0.6 ~ 0.9(0.8)	0.9 ~ 1.1(1.0)	0.9 ~ 1.1 (1.0)
特点	能清楚看出螺纹，开始旋动则可正确测定，检测后保持原状即可	测定较容易；必须将松开的螺纹再次拧紧；常用于 M4 以下的螺纹	工件被固定时可以正确地测定，检查后保持原状即可，无个人差异，力矩值计算较复杂	比较费工夫，检查后可以恢复到相同的紧固状态

3. 螺纹紧固件的防松

实际工作中，为了避免螺纹紧固件失效，有必要采取相应的防松措施。常见的方法有摩擦防松、机械防松和铆冲防松（破坏螺纹副）三种，详见表 3-11。

表 3-11 螺纹防松方法

防松方法	特　点	图　例		
摩擦防松	应用最广的方式，简便但可靠性较差	弹簧垫片	对顶螺母	自锁螺母
机械防松	用止动件直接限制螺纹副的相对运动	开口销	带翅垫片	止动垫片
铆冲防松	螺纹拧紧后采用冲点、焊接、粘接等方法，形成不可拆卸连接	焊接	粘接	冲点

4. 常用工具

（1）定力矩工具

扭力扳手、气动扳手和电池枪，如图 3-7 所示。

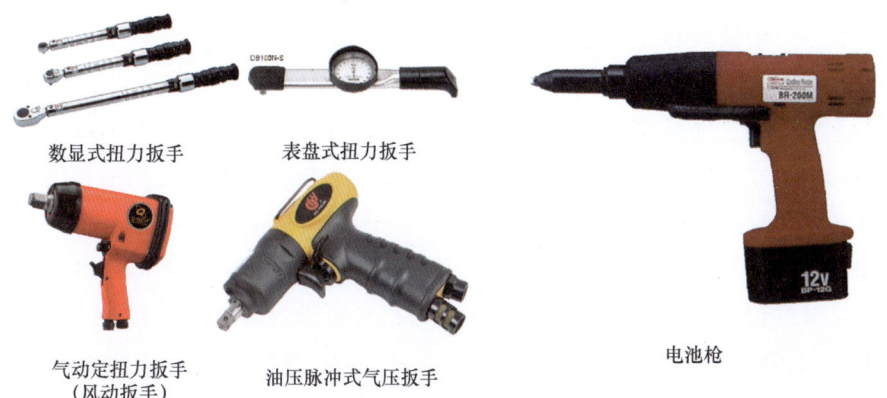

图 3-7 定力矩工具

(2) 非定力矩工具

冲击扳手、呆扳手、棘轮扳手和螺钉旋具等,如图 3-8 所示。

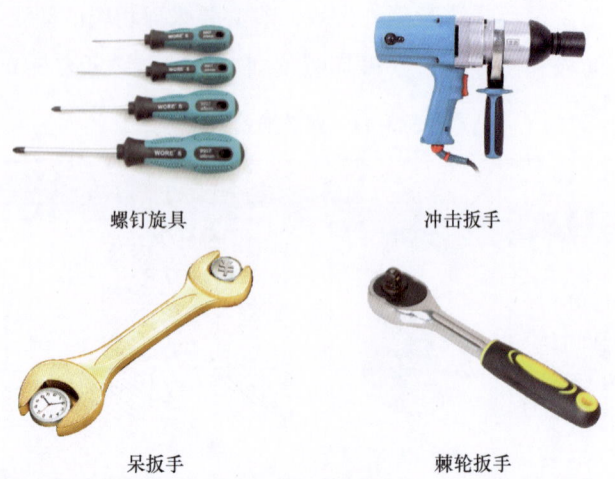

图 3-8 非定力矩工具

拧紧工具的选择除了根据螺栓的强度及相应的拧紧力矩外,还应考虑连接结构、现场环境、工艺参数、制造厂商及生产率等。对于有扭力要求的装配,应选用定力矩工具,表 3-12 为国产冲击扳手的技术规格。

表 3-12 国产冲击扳手的技术规格

冲击扳手型号	施力大小(呆扳手)(L:力臂,F:力)	螺栓规格
B6	$L=10cm$, $F\approx 50N$	M6 以下
B10	$L=12cm$, $F\approx 200N$	M6~M10
B16	$L=15cm$, $F\approx 500N$	M12~M14
B20/B30	$L=30cm$ 以上, $F\approx 1kN$	M120 以上

问题引导 2:如何安装密封类元件?

电动汽车总装在工艺中可能会存在许多工艺孔,这些工艺孔有些是用来固定线束的,有些是生产线的柔性制造产生的。在电动汽车整车装配过程中,必须用密封元件对这些工艺孔进行封闭,如果密封不良,可能会造成漏水、相关电气功能丧失、风噪、灰尘进入等后果,所以必须按照规程安装密封元件,保证新车装配达到出厂要求。

密封元件一般安装在车身内板、车门内板、机舱、底盘底板、行李箱内板等内层位置。常用密封元件有密封塞和螺母垫片等,如图 3-9 所示。

密封塞的作用主要是密封、防水、防尘和保护等。密封塞由上下两部分组成,其连接上下两部分之间的部分直径相对较小,形成一个扣槽,工艺孔扣在扣槽内,密封塞边缘平整、无夹边,就可以实现密封功能,密封塞如图 3-10 所示。

螺母垫片的作用是将车内的饰件紧固到车体上,它与密封塞类似,也是由上下两部分组成,其连接上下两部分之间的部分直径相对较小,形成一个扣槽,螺母垫片的四周与孔的面板密合,就可以实现密封。螺母垫片中间有预留孔(用于攻螺纹),下部呈楔形,有的开槽,便于螺母垫片的安装,螺母垫片如图 3-11 所示。

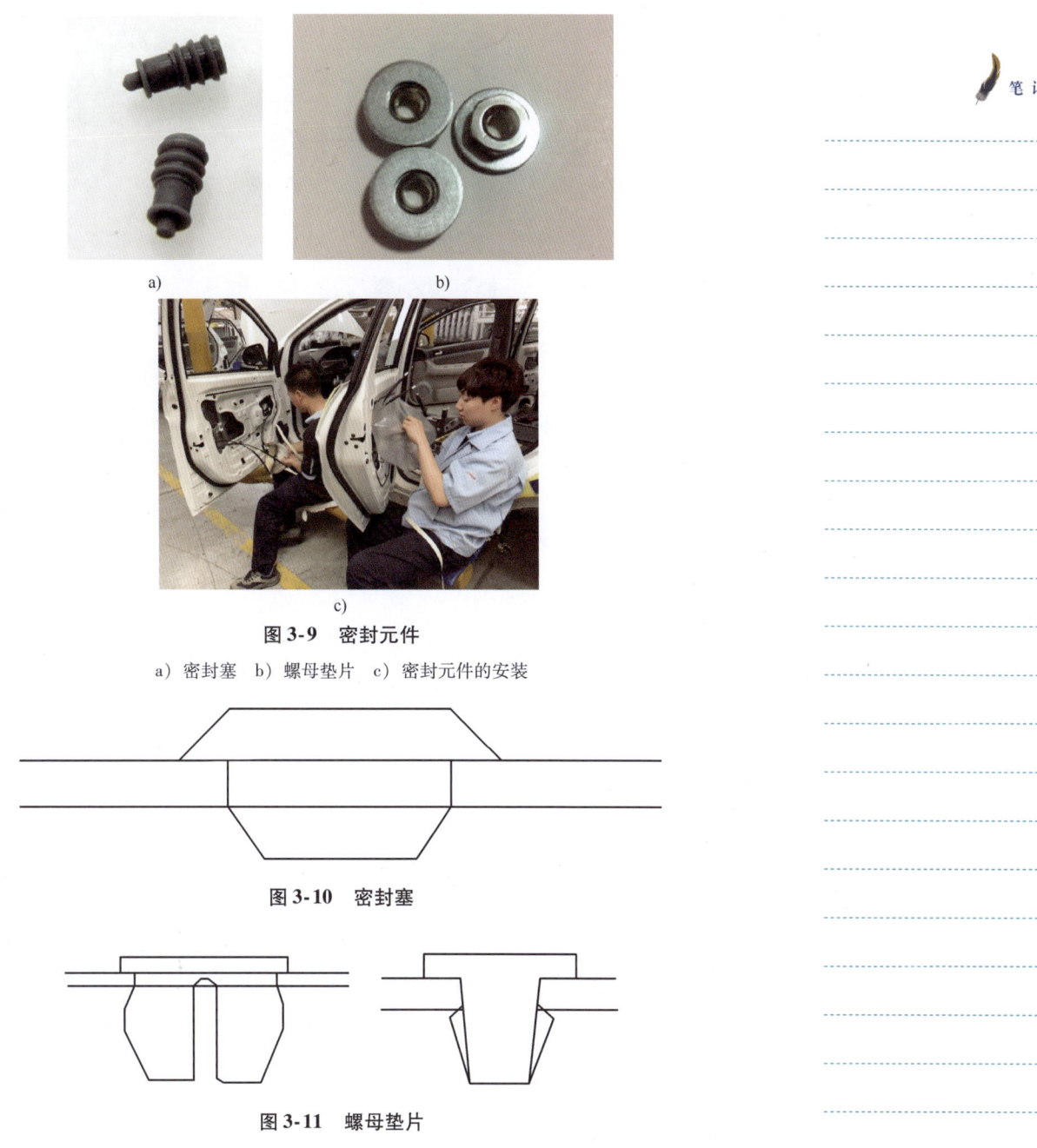

图 3-9 密封元件

a) 密封塞 b) 螺母垫片 c) 密封元件的安装

图 3-10 密封塞

图 3-11 螺母垫片

问题引导 3：如何安装连接类元件？

随着电动汽车在舒适性、安全性、经济性和排放性等方面的要求不断提高，车上的电子产品和管回路也在不断增加。电动汽车整车装配中，连接类作业主要包括线束连接和管（硬管和软管）连接，如图 3-12 所示。线束和管连接就是保证汽车电子产品和管路正常运行的网络主体。在电动汽车整车装配过程中，要使连接类元件保证各连接回路顺畅，使电动汽车能正常运行，必须正确按照安装规范进行操作。

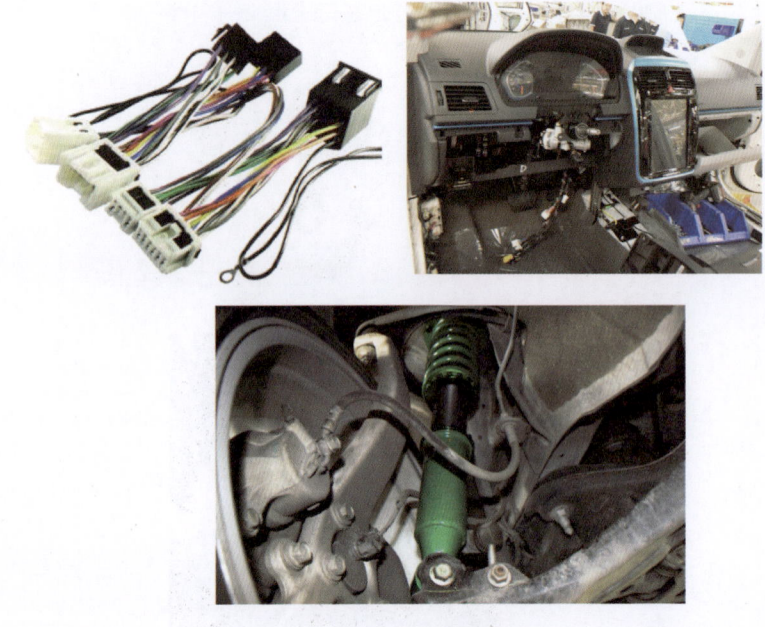

图 3-12 连接类元件

1. 插接器的装配

车辆的电气部件的线束是通过插接器来连接的,如图 3-13 所示。因此,当拆卸和安装电气零部件时,需要断开插接器。因为插接器有不同的类型,因此要用合适的方法拆卸每种不同的插接器。连接插接器时应挂上标签,以标明连接位置。

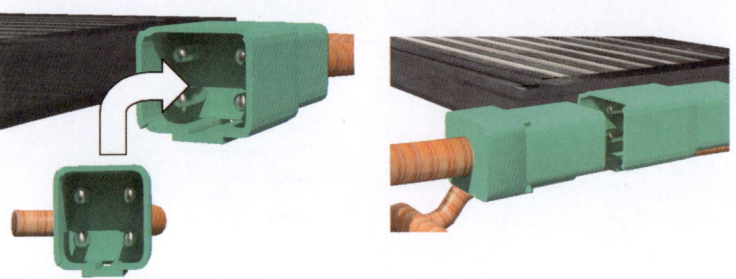

图 3-13 插接器

1)在可靠地使锁销脱离啮合后,才能断开插接器。直接拉扯线束断开插接器会扯断电线,为防止这种情况的发生,断开插接器时应握住整个插接器。当插接器很难断开时,把插接器向连接处推动一下会有助于松开插接器锁销。

2)选择相匹配的插接器插头对准角度和方向进行连接,牢固地接合插接器直到听到"咔嗒"的锁住声音。

2. 软管/硬管/卡箍的拆装

汽车上的软管连接大多属于卡箍连接。卡箍连接是通过卡箍上的螺栓保证管连接的密闭性,具有造型美观、使用简单方便快捷、紧箍力强、密封性能好等特点,已成为当前液体、气体管道连接的首选连接方式,卡箍如图 3-14 所示。

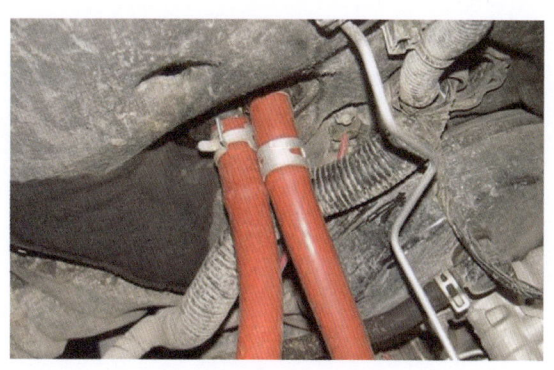

图 3-14 卡箍

汽车上的硬管的端部装有可沿硬管轴向自由滑动的螺纹头,安装时捏住螺纹头,垂直插入与其相连接的螺纹孔,并旋转到底,再用呆扭力扳手拧紧硬管即可实现密封作用,硬管如图 3-15 所示。

软管在汽车上的应用非常多,主要应用范围包括汽车软管转向管、制动管、空调管、燃油管、冷却液管、散热软管、暖风软管、空气滤芯器软管、涡轮增压系统软管等软管如图 3-16 所示。

图 3-15 硬管

图 3-16 软管

软管插接器的功用主要是当车辆相互插接时,用以贯通汽车相应管路的通畅,它能在软管相邻两零件之间的距离发生伸长或缩短的变化时,不致损坏硬管,也不妨碍压力空气的畅通。

软管通常比硬管的直径稍微大一些,硬管插入到软管中用管夹夹住,使其不会滑出。拆下卡箍要用合适的工具,以免损坏。安装软管或卡箍,要安装在原位置。具体卡箍拆装方法见表 3-13。

表 3-13 卡箍拆装方法

拆卸卡箍	装配卡箍
1)使用钳子夹住卡箍卡爪,使它变宽 2)从软管连接处滑动拆下卡箍	1)将卡箍推入软管相应的位置 2)将硬管直接插入到软管一定的位置 3)使用钳子夹住卡箍卡爪,使它变宽,然后带动卡箍到合适的位置,松开钳子

注意事项：

1）使用与卡箍卡爪宽度相匹配的工具。
2）不能过分扩大卡箍。
3）不能使卡箍卡爪变形。

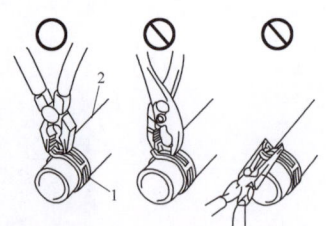

知识拓展

对于电动汽车制造业来说，经久耐用、精度可靠、能够长时间连续使用的工具是十分重要的。另外，这些工具还有显著的经济性并且要适合绝大多数人的手型，尽量做到质量轻、噪声低、运行平稳，外壳材质常采用聚酰胺，这样能有效地绝热，提供最佳的抓握舒适性。下面给出了几种常见的工具，分别如图3-17、图3-18和图3-19所示。

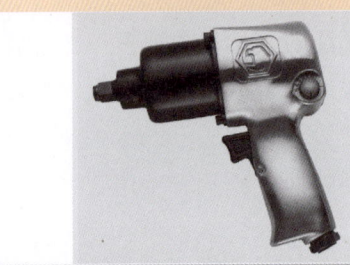

属性	属性值	属性单位
驱动头	1/4	in
	1~5	N·m
总长	220	mm
分度值	0.025	N·m
质量	300	g

图 3-17　预置式扭力扳手

属性	属性值	属性单位
输出端规格	1/2"	方头
工作力矩	34~408	N·m
最大反转力矩	610	N·m
自由转速	7000	r/min
拧紧螺栓能力	M16	
平均耗气量	4.2	CFM
A档声压级	102	dB(A)
净重	2.63	kg
进气口尺寸	1/4	"
最小气管内径	10	mm
工作气压	0.635	MPa

图 3-18　专业级强力气动冲击扳手

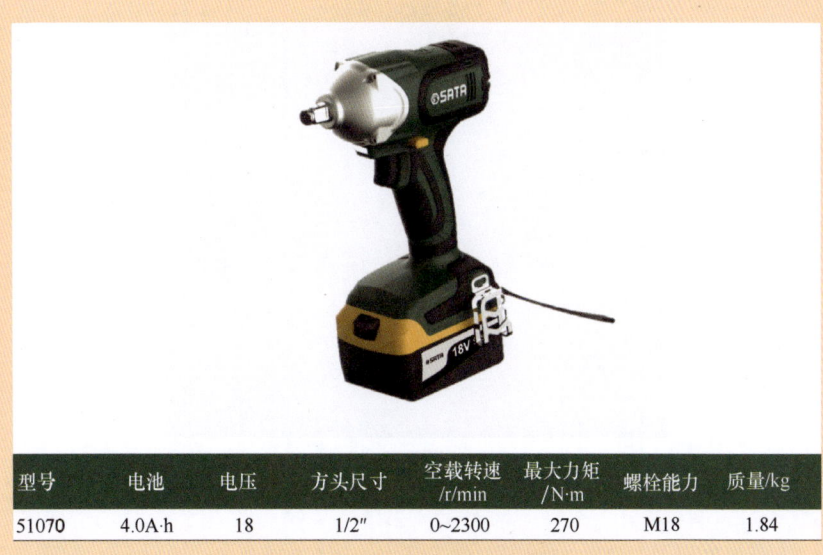

型号	电池	电压	方头尺寸	空载转速/r/min	最大力矩/N·m	螺栓能力	质量/kg
51070	4.0A·h	18	1/2"	0~2300	270	M18	1.84

图 3-19　18V 锂电冲击扳手

你知道吗

1. 电动汽车总装车间的手动工具都有哪些？
2. 电动汽车总装车间的气动工具都有哪些？
3. 电动汽车总装车间的电动工具都有哪些？
4. 电动汽车总装车间工具管理应该注意哪些方面？
5. 螺纹的紧固方法有哪些？
6. 插接器如何拆装？
7. 卡箍如何拆装？

学习情境4

电动汽车装配工艺过程介绍

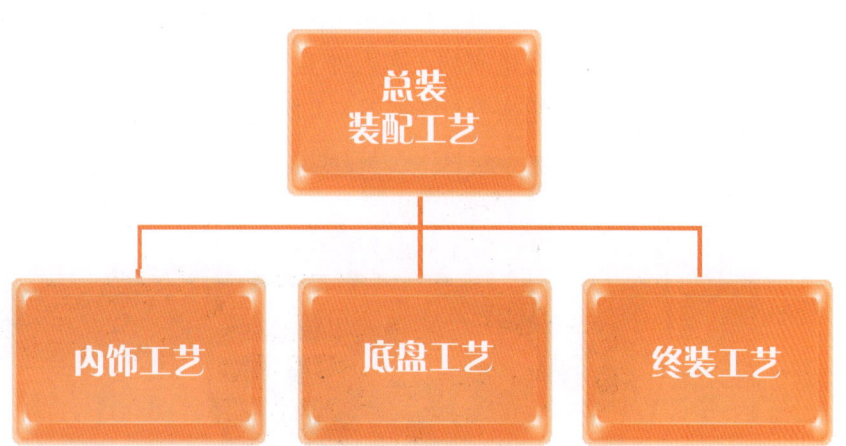

学习任务1 内饰线的装配工艺

 学习目标：掌握内饰线的装配工艺。

 能力目标：培养学生实际操作动手能力。

 知识准备：

汽车内饰是汽车车身的重要组成部分。国内的电动汽车车身多数是在传统燃油汽车车身的基础上设计并改进来的，在内饰上，电动汽车内饰与传统燃油汽车内饰组成并无太大差异，内饰的组成分布图如图4-1所示。

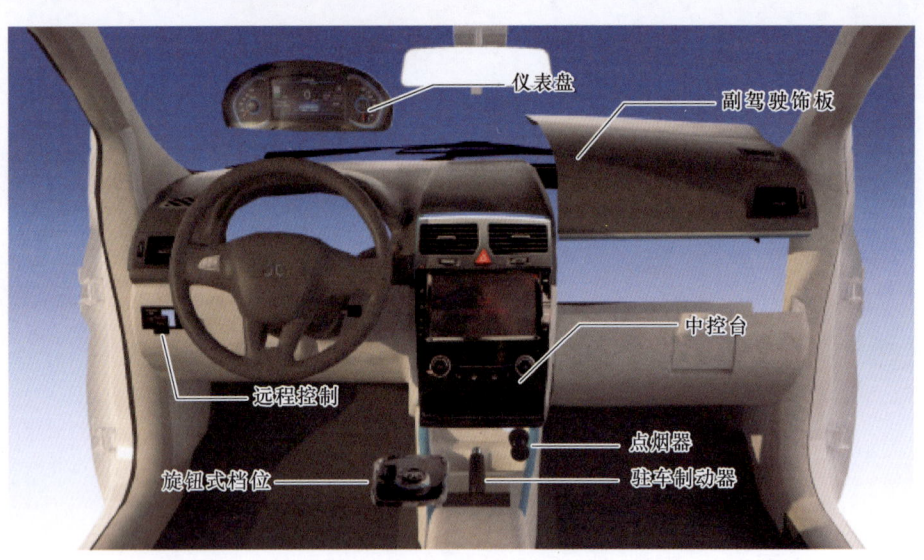

图4-1 内饰组成分布图

内饰生产线是汽车总装车间第一个环节，一般分为内饰一线、内饰二线、内饰三线等3~4个工段小线，还有其他分装工位。除了座椅在组装线完成以外，其他零部件总成均在内饰线完成装配。本任务以仪表板总成的装配为典型装配案例，描述内饰装配的注意事项。

问题引导1：仪表板管梁总成如何装配？

仪表板管梁总成，是汽车整车装配中的关键项之一。作为仪表板总成安装的基础，它的装配强度又影响着整个仪表板总成的装配性能及安全。由此，在仪表板总成装配前，要先介绍仪表板管梁的装配工艺，具体操作如表4-1。

表4-1 仪表板管梁装配工艺

××公司电动汽车总装车间			作业指导书		车型	文件编号	版本	页码
工序号		工序名称	仪表板管梁装配		安全	质控	关键点	
序号	装配步骤	零部件名称	关键级	数量	扭值/N·m	工具		
1	取仪表板管梁放置在分装架上	仪表板管梁		1				
2	取仪表线束及保险盒，安装在仪表管梁上	仪表线束、保险盒		1				
3	取转向管柱，与仪表管梁用螺栓紧固	转向管柱	▽	1	23±3	气动扳手、螺栓（4个）		
4	将仪表板管梁总成装配在车身内相应位置	仪表板管梁总成	▽	1	23±3	电动扳手、螺栓（4个）		

标记	处置	文件编号	签名	日期	编制	校核	批准	会签

注意事项：

1）装配前，目测检查零部件总成及检查工具。

2）仪表板管梁放置在分装架上时，应将左右两个定位销对正分装架销孔，如图4-2所示。

3）线束及保险盒在分装过程中，应将卡子安装到位，不应有漏装现象。

4）转向管柱安装时，按要求拧紧，并进行二次力矩紧固，如图4-3所示。

5）装配仪表板管梁总成时，应保证定位销装配到位，分别用螺栓紧固仪表板管梁总成与两侧A柱、车身的机舱和地板。装配完成，进行二次力矩紧固，如图4-4所示。

图 4-2　仪表板管梁分装

图 4-3　转向管柱分装

图 4-4　仪表板管梁总成装配

问题引导 2：仪表板总成如何装配？

仪表板总成是安装各种指示仪表和点火开关等的一个总成，能体现出整车风格。它不仅能够反映整车运行状态，还是部分设备的控制中心，其装配工艺见表 4-2。

表 4-2　仪表板总成装配工艺

××公司电动汽车总装车间			作业指导书		车型	文件编号	版本	页码
工序号		工序名称	仪表板总成装配		安全	质控	关键点	
序号	装配步骤		零部件名称	关键级	数量	扭值/N·m	工具	
1	取 GPS 天线安装在仪表板上		GPS 天线		1			

(续)

序号	装配步骤	零部件名称	关键级	数量	扭值/N·m	工具
2	取仪表板上盖板，安装在仪表板上	仪表板上盖板		1		
3	装配副安全气囊在仪表板上	副安全气囊	✚	1		
4	将仪表板本体安装在汽车上	仪表板本体	▽C	1		电动扳手、螺栓（6个）
5	取组合仪表安装在仪表板上	组合仪表		1		
6	装配组合仪表罩在仪表板上	组合仪表罩		1		
7	取中控信息娱乐系统，安装在仪表板上	中控信息娱乐系统		1		电动扳手、螺钉（4个）
8	装配空调控制面板	空调控制面板		1		
9	装配仪表板中控亮条盖板	中控亮条盖板		1		
10	装配杂物盒内衬	杂物盒内衬		1		
11	装配杂物盒	杂物盒		1		

标记	处置	文件编号	签名	日期	编制	校核	批准	会签

注意事项：

1）装配前，目视检查所有零部件是否有损伤。

2）装配时，注意卡扣的装配是否到位、合格。

3）装配时，注意仪表板本体与前风窗玻璃间间隙≤8mm，与两侧A柱间隙≤4mm，如图4-5所示。

图4-5　仪表板本体装配

4）装配完成时，注意对仪表板总成的装配进行检查（图4-6）。

图4-6　仪表板总成装配的检查

学习任务2 底盘线的装配工艺

 学习目标：掌握底盘线的装配工艺。

 能力目标：培养学生实际操作动手能力。

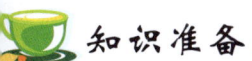 知识准备：

汽车底盘在传统汽车上是由传动系统、行驶系统、转向系统和制动系统四部分组成，用来支承、安装发动机及其各部件、总成，并接收发动机动力，保证汽车正常行驶。电动汽车的底盘系统则用动力电池和电机代替发动机的功用，如图4-7所示。

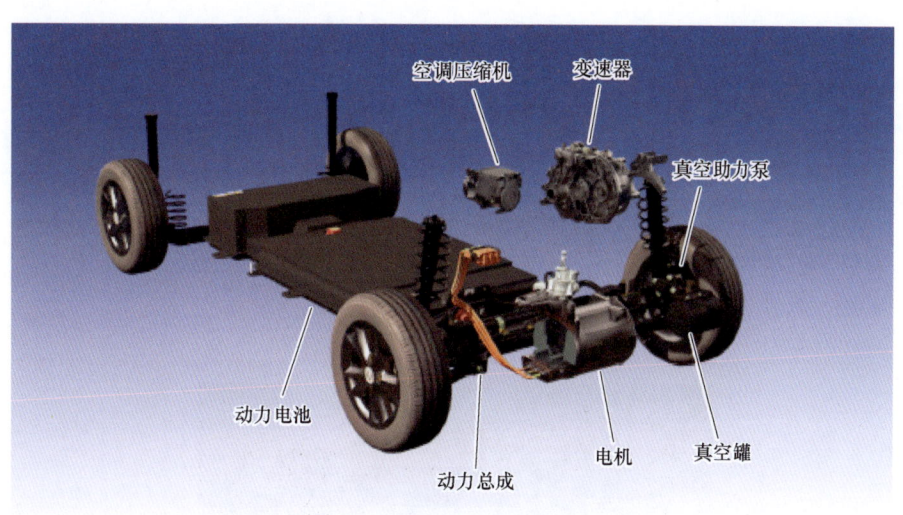

图4-7 电动汽车底盘组成

底盘的装配工艺区别于传统汽车，主要体现在动力总成、动力电池、真空助力泵和空调压缩机的装配工艺。本任务以动力总成和动力电池的装配典型案例讲解底盘装配工艺。

问题引导1：动力总成如何装配？

动力总成的安装过程

动力总成是汽车整车装配中的安全项和关键项之一。作为电动汽车的动力输出源，它主要由驱动电机、变速器和左、右半轴组成，并能够完成从电能到动能的转换，其装配工艺见表4-3。

表4-3 动力总成装配工艺

××公司电动汽车总装车间			作业指导书		车型	文件编号	版本	页码
工序号		工序名称	动力总成装配		✚ 安全	◆ 质控	▽ 关键点	
序号	装配步骤	零部件名称	关键级	数量	扭值/N·m		工具	
1	吊装驱动电机和变速器放置到分装台上	驱动电机		1				
		变速器		1				
2	将驱动电机和变速器进行装配。	驱动电机	✚	1	23±2		气动扳手、螺栓（9个）	
		变速器	◆	1				
3	装配左侧半轴到变速器上	左侧半轴		1				
4	装配右侧半轴到变速器上	右侧半轴		1				
5	装配真空助力罐安装支架	真空助力罐支架		1			气动扳手、螺栓（3个）	
6	装配真空助力罐	真空助力罐		1			气动扳手、螺栓（4个）	
7	向变速器加注变速器油	变速器油						
8	将动力总成吊装在动力总成装配升降台上	动力总成		1				
9	控制升降台到相应装配工位，将动力总成装配到车身悬置	动力总成	▽	1			气动扳手、螺栓（6个）	

标记	处置	文件编号	签名	日期	编制	校核	批准	会签

注意事项：

1）装配前，目测检查各零部件及总成；检查工具。
2）吊装工具使用前，一定要检查其是否正常工作。
3）吊装过程中，确认吊钩是否吊装正确，如图4-8所示。

图4-8　吊装动力总成

4）分装动力总成时，将电机输出轴与变速器输入端正确配合，如图4-9所示。拧紧螺栓时，注意力矩要达到规定值。

图4-9　电机与变速器分装图

5）分装动力总成时，左侧半轴和右侧半轴不要混装，如图4-10所示。

图4-10　变速器左、右半轴

6）动力总成放置在装配升降台（图4-11）上时，位置应该准确。
7）装配动力总成（图4-12）时，要进行二次力矩紧固。

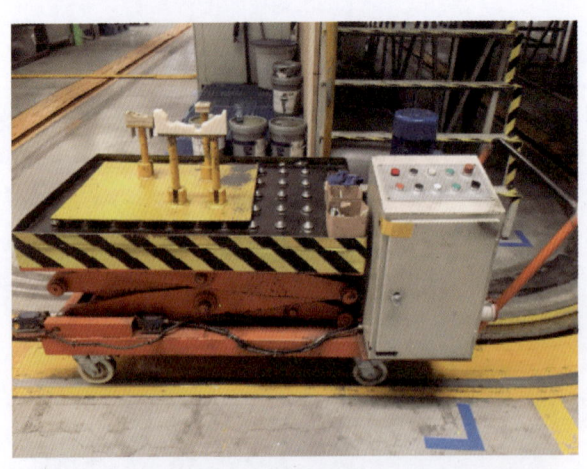

图 4-11 动力总成装配升降台

图 4-12 装配动力总成

问题引导 2：动力电池如何装配？

动力电池总成区别于汽车用起动蓄电池，多指为电动汽车、电动列车、高尔夫球车提供动力的高压蓄电池。其装配工艺见表 4-4。

表 4-4 动力电池总成装配工艺

动力电池安装

××公司电动汽车总装车间		作业指导书		车型	文件编号	版本	页码
工序号		工序名称	动力电池总成装配	✚ 安全	◆ 质控	▽ 关键点	
序号	装配步骤		零部件名称	关键级	数量	扭值/N·m	工具
1	检查动力电池总成						
2	吊装动力电池总成到装配升降台上		动力电池总成	✚	1		
3	移动动力电池升降台到指定位置						

(续)

序号	装配步骤	零部件名称	关键级	数量	扭值/N·m	工具
4	装配动力电池总成	动力电池总成	▽ ◆	1		电动扳手、螺栓（6个）
5	装配动力电池总成线束	动力电池线束		1		
6	装配动力电池线束护板	电池线束护板		1		

标记	处置	文件编号	签名	日期	编制	校核	批准	会签

注意事项：

1）吊装动力电池时（图4-13），保证吊装带到电池的各距离相近，避免电池倾斜、掉落。

图4-13　吊装动力电池

2）动力电池总成放置在装配升降台上时（图4-14），应保证固定夹具夹紧到位。

图4-14　动力电池装配升降台

3）插接动力电池线束端子时（图4-15），应保证线束保险全部锁死。

图4-15　动力电池线束端子装配

学习任务3　终装线的装配工艺

📖 **学习目标**：掌握终装线的装配工艺。

⭐ **能力目标**：培养学生实际操作动手能力。

☕ **知识准备**：

汽车终装线作为汽车整车装配的最后一个环节，承担着电动汽车的电机控制器、高压保险盒、DC/DC、车载充电机以及座椅、加注和安全检测等主要工作内容，如图4-16所示。

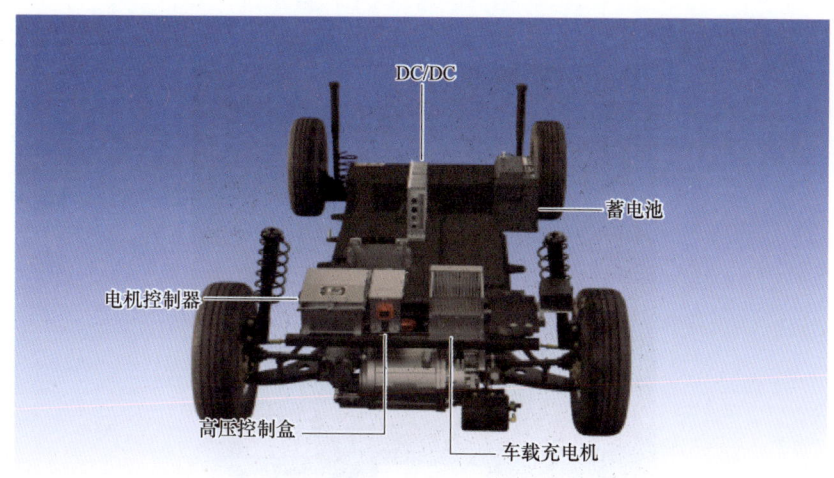

图4-16　终装线装配总成分布

电动汽车在进入终装线前，四轮已经装配完成。在终装线，电动汽车四轮落地停放在输送板链上。装配工艺主要体现在低工位的装配作业，本任务主要以电机控制器、高压保险盒、DC/DC转换器、车载充电机等电动汽车特有的零部件总成装配为典型装配工艺进行说明。

问题引导1：电机控制器如何装配？

电机控制器安装

电机控制器是驱动电机的"大脑"，接收来自整车 VCU 控制信号，同时完成动力电池输出直流电压到交流电压的逆变过程以及能量回收交流电压到直流电压的整流过程。它是电动汽车核心零部件的重要项之一，对整车性能起着决定性作用。其装配工艺见表4-5。

表4-5　电机控制器装配工艺

××公司电动汽车总装车间		作业指导书		车型	文件编号	版本	页码
工序号	工序名称	电机控制器装配	✚ 安全	◆ 质控		▽ 关键点	
序号	装配步骤	零部件名称	关键级	数量	扭值/N·m	工具	
1	检查电机控制器输入端子接口	电机控制器		1			
2	装配电机控制器到前机舱二层支架	电机控制器	◆ ✚	1	10±2	电动扳手、螺栓（4个）	
3	插接驱动电机电源线束	电源线束	✚	1			
4	插接电机控制器负极线束	负极线束	✚				
5	插接电机控制器正极线束	正极线束	✚				
6	插接电机控制器信号线束	信号线束		1			

标记	处置	文件编号	签名	日期	编制	校核	批准	会签

注意事项:

1)装配前,目测检查电机控制器各插接插头内的针脚是否有缺失、歪斜;检查工具。

2)插接驱动电机电源线束时(图4-17),注意线束插头的保险。

图4-17 驱动电机线束插接

3)插接电机控制器负极线束时(图4-18),应注意避免与正极线束混淆,对正线束插头的配合位置。

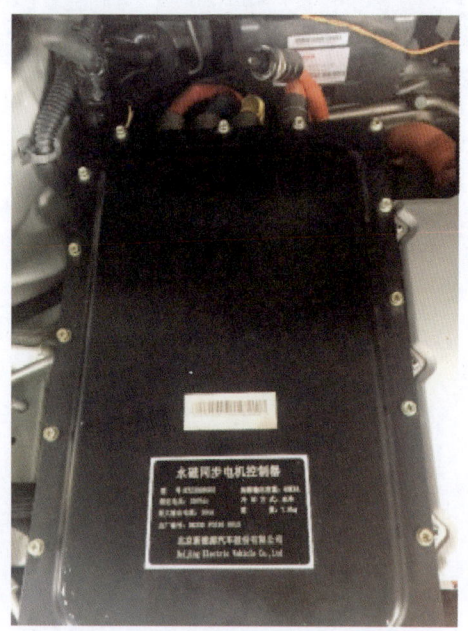

图4-18 电机控制器负极线束插接

4)插接电机控制器正极线束时(图4-19),应注意对正线束插头的配合位置。

图4-19 电机控制器正极线束插接

5)插接电机控制器信号线束时(图4-20),应注意线束插头的正反以及配合位置。

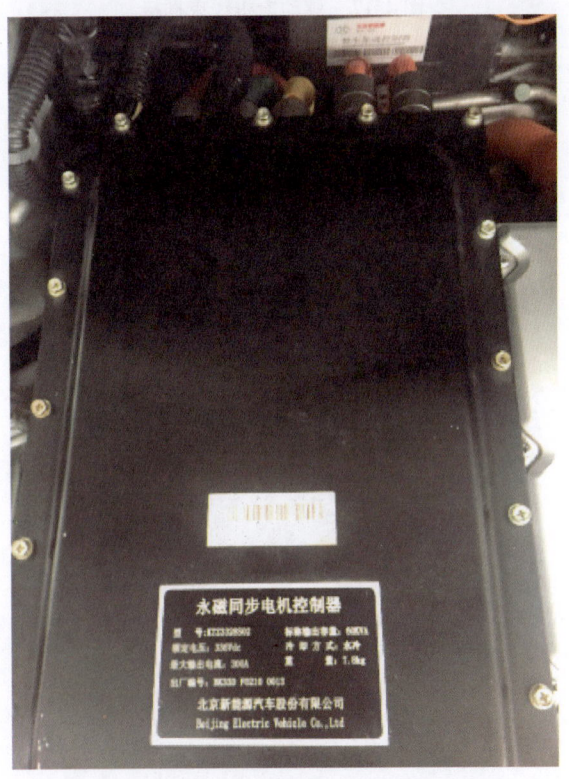

图4-20 电机控制器信号线束插接

6）电机控制器所有线束插接完毕后（图4-21），应进行整体的装配检查。

图4-21 电机控制器装配完成

问题引导2：高压保险盒如何装配？

高压保险盒内部主要是由监测模块和高压熔断器组成，肩负着对高压回路中高压线束以及高压用电器的过流保护的重任，即在大电流或短路电流通过时，及时熔断以保护高压用电器不因大电流的冲击而受到损害，避免高压线束升温甚至熔断起火。其装配工艺见表4-6。

表4-6 高压保险盒装配工艺

高压保险盒安装

××公司电动汽车总装车间		作业指导书	车型	文件编号	版本	页码
工序号		工序名称	高压保险盒装配	安全	质控	关键点

序号	装配步骤	零部件名称	关键级	数量	扭值/N·m	工具
1	检查高压保险盒端子接口	高压保险盒		1		
2	装配高压保险盒到前机舱二层支架	高压保险盒	◆ ✚	1	10±2	电动扳手、螺栓（4个）

(续)

序号	装配步骤	零部件名称	关键级	数量	扭值/N·m	工具
3	插接快充线束	快充线束	✚	1		
4	插接电机控制器线束	电机控制器线束	✚	1		
5	插接动力电池线束	动力电池线束	✚	1		
6	插接高压附件线束	八芯线束	✚	1		

标记	处置	文件编号	签名	日期	编制	校核	批准	会签

注意事项：

1）装配前，目测检查高压保险盒各插接插头内的针脚是否有缺失、歪斜；检查工具。

2）插接动力电池快充线束到高压保险盒时（图4-22），注意线束插头的保险。

3）插接电机控制器电源线束到高压保险盒上时（图4-23），应注意对正线束插头的配合位置，旋紧锁止。

4）插接动力电池电源线束到高压保险盒上时（图4-24），应注意对正线束插头的配合位置，旋紧锁止。

5）插接车用设备八芯线束到高压保险盒上时（图4-25），应注意对正线束插头的配合位置，旋紧锁止。

6）高压保险盒所有线束插接完毕后（图4-26），应进行整体的装配检查。

图 4-22 动力电池快充线束插接

图 4-23 电机控制器电源线束插接

图 4-24　动力电池电源线束插接

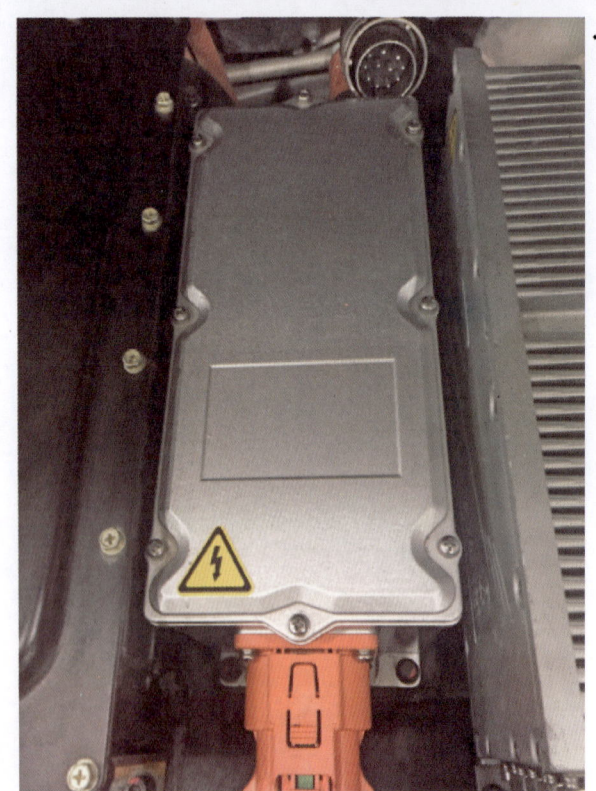

图 4-25　高压附件线束插接

图 4-26 高压保险盒装配完成

问题引导 3：DC/DC 转换器如何装配？

DC/DC 转换器是指在直流电路中将一个电压值的电能变换为另一个电压值的电能的装置。电动汽车等新能源汽车利用 DC/DC 转换器来实现高、低压之间的转换，并将转换完的低压电提供给用电设备以及给蓄电池进行充电。相比与传统汽车，在使用 DC/DC 转换器之后，可以省去了交流发电机。其装配工艺见表 4-7 所示。

表 4-7　DC/DC 转换器装配工艺

××公司电动汽车总装车间		作业指导书	车型	文件编号	版本	页码
工序号	工序名称	DC/DC 转换器装配	安全	质控		关键点
序号	装配步骤	零部件名称	关键级	数量	扭值/N·m	工具
1	检查 DC/DC 转换器端子接口	DC/DC 转换器		1		
2	装配 DC/DC 转换器到前机舱二层支架	DC/DC 转换器	◆ ✚	1	10±2	电动扳手、螺栓（4 个）
3	插接到高压保险盒线束	高压保险盒线束		1		

(续)

序号	装配步骤	零部件名称	关键级	数量	扭值/N·m	工具
4	插接低压控制端线束	低压控制端线束		1		
5	插接低压蓄电池正极线束	蓄电池正极线束		1		
6	插接低压蓄电池负极线束	蓄电池负极线束		1		

标记	处置	文件编号	签名	日期	编制	校核	批准	会签

注意事项:

1)装配前,目测检查 DC/DC 转换器各插接插头内的针脚是否有缺失、歪斜;检查工具。

2)插接到高压保险盒线束到 DC/DC 转换器上时(图 4-27),应注意对正线束插头的配合位置,旋紧锁止。

3)插接低压控制端线束到 DC/DC 转换器上时(图 4-28),应注意对正线束插头的配合位置,旋紧锁止。

4)插接低压蓄电池正极线束到 DC/DC 转换器上时(图 4-29),应注意对正线束插头的配合位置,旋紧锁止。

5)插接低压蓄电池负极线束到 DC/DC 转换器上时(图 4-30),应注意对正线束插头的配合位置,旋紧锁止。

6)DC/DC 转换器所有线束插接完毕后(图 4-31),应进行整体的装配检查。

图 4-27 高压保险盒线束插接到 DC/DC 转换器上

图 4-28 低压控制端线束插接到 DC/DC 转换器上

图 4-29　低压蓄电池正极线束插接到 DC/DC 转换器上

图 4-30　低压蓄电池负极线束插接到 DC/DC 转换器上

图 4-31　DC/DC 转换器装配完毕后

问题引导 4：车载充电机如何装配？

车载充电机是指固定安装在电动汽车上的充电机，采用慢充电方式，具有为电动汽车动力电池，安全、自动充满电的能力，充电机依据电池管理系统（BMS）提供的数据，能动态调节充电电流或电压参数，执行相应的动作，完成充电过程。其装配工艺见表 4-8。

表 4-8　车载充电机装配工艺

××公司电动汽车总装车间		作业指导书		车型	文件编号	版本	页码
工序号		工序名称	车载充电机装配	➕ 安全	◆ 质控	⚠ 关键点	
序号	装配步骤		零部件名称	关键级	数量	扭值/N·m	工具
1	检查车载充电机端子接口		车载充电机		1		
2	装配车载充电机到前机舱二层支架		车载充电机	◆ ➕	1	10±2	电动扳手、螺栓（4个）
3	插接慢充电源线束插头		慢充电源线束	➕	1		

DC/DC 及车载充电机安装

(续)

序号	装配步骤	零部件名称	关键级	数量	扭值/N·m	工具
4	插接到高压保险盒电源线束插头	电源线束	✚	1		
5	插接低压控制信号线束插头	控制线束	✚	1		

标记	处置	文件编号	签名	日期	编制	校核	批准	会签

注意事项：

1）装配前，目测检查车载充电机各插接插头内的针脚是否有缺失、歪斜；检查工具。

2）插接动力电池慢充线束到车载充电机时（图4-32），注意线束插头的保险。

3）插接去往高压保险盒电源线束时（图4-33），应注意对正线束插头的配合位置（插头保险）。

4）插接低压控制信号线束到车载充电机时（图4-34），应注意对正线束插头的配合位置（侧面的锁止保险）。

5）车载充电机所有线束插接完毕后（图4-35），应进行整体的装配检查。

图 4-32 动力电池慢充线束插接到车载充电机

图 4-33 至高压保险盒线束插接

图 4-34 低压控制信号线束插接到车载充电机

图 4-35 车载充电机装配完成

问题引导 5：安全检测仪如何检测？

安全性能综合测试仪（图 4-36）可实现耐压、绝缘、接地、泄漏、功率、启动六项功能联合测试，六项测试 10s 完成，内置隔离变压器，LCD 显示，率先实现 0.2s 稳定升压升流。

图 4-36　安全性能综合测试仪

安全性能综合测试仪检测，又称为安全检测仪检测，是电动汽车在装配线下线前的最后一道程序，与防盗系统（图 4-37）一同肩负着整车的安全使命，其具体操作过程如图 4-38 所示。

图 4-37　整车防盗系统

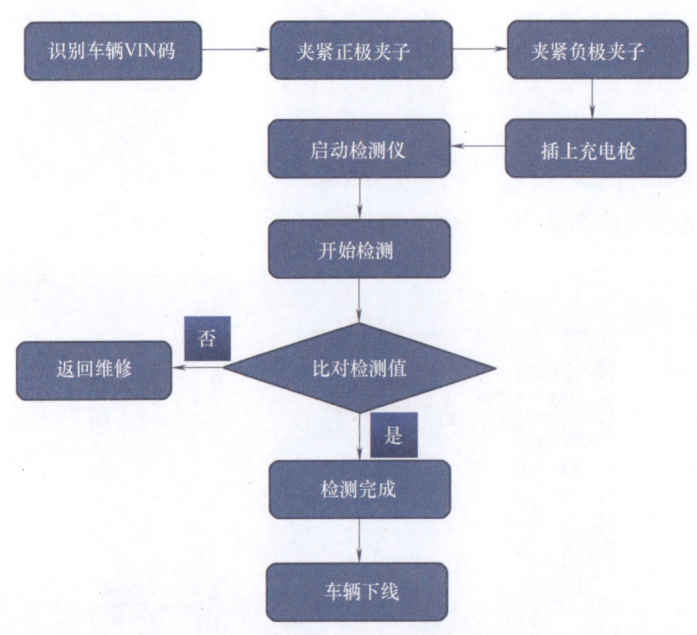

图 4-38　安全检测仪操作流程

知识拓展

汽车装配新的挑战

在新的环境下,汽车制造企业正面临着如何有限实现汽车装配自动化和柔性化;如何缩短新产品的生产准备周期;如何提高汽车制造过程中信息的传递和处理;如何降低制造环节、物流环节的成本等诸多挑战。这些挑战迫使汽车制造企业要尽快开发出整车装配智能化技术,智能化装配如图 4-39 所示。

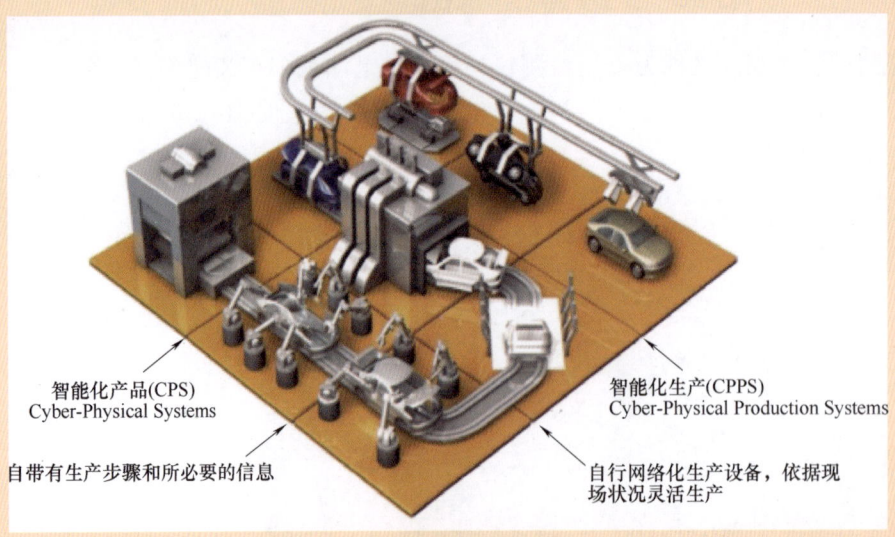

图 4-39　智能化装配

整车装配智能化技术包含了多个方面,如在线车型与线边设备智能化互联互通、智能化的密封检测及液体加注站、整车智能化加注、智能化的拧紧工作站、智能化的线边物流等,详见表 4-9。

表 4-9 智能化技术类型

智能化技术种类	简　述	效用/注意事项
在线车型与线边设备智能化互联互通	采用物联网技术，与赋予独立 IP 的装配工位及线边设备组成智能化在线车辆识别系统	通过网络传输车型信息，为自动装配等先进技术的应用提供了条件
智能化的密封检测及液体加注站	可以实现综合性的密封性能检测；实现检测、加注、数据分析一体化	通过车辆触发检测开关来提取当前需加注车型的 VID 码，确保加注参数与在制车的实时对应
智能化的拧紧工作站	采用智能化伺服拧紧系统，将拧紧工作接入装配智能化管理系统，形成一个完整的智能拧紧闭环	实现拧紧力矩自动调整、拧紧精度自动校正和转速自动调节等工艺参数智能匹配，采集拧紧数据并进行分析及预警
智能化线边物流	以高效智能物流来主导，通过装配智能系统、MES 系统和电子货架互联互通，实现零件准确分拣	采用智能物流货架，进行装配零件的拾取指示，可自动计数，实现防错；可进行 BOM 数据验证，及时发现零件消耗异常
机器人智能化装配	由机器人代替人进行一些重体力及定位精度、装配质量要求高的总成零件的装配	机器人接收智能系统传递的车型信息，自动识别车型，完成抓取零件、定位、安装工作
智能化的在线质量趋势预警	工艺参数监控、智能防错防漏、质量跟踪追溯等	可以对数据实时采集、在线异常趋势预警、建立车辆电子档案管理和车辆异常跟踪等环节进行更好的预警

随着汽车产业的迅速发展，市场竞争的激烈化，汽车产品配置日趋个性化、高科技化、高质量化，这必将促使汽车企业从传统制造模式向智能化制造模式转变，自动化、模块化、柔性化、虚拟装配、精确控制等技术将引领着汽车制造业的发展方向，装配智能化技术将会得到更广泛、更深入的应用。

你知道吗

1. 电动汽车总装车间主要完成哪些工作？
2. 电动汽车总装车间作业指导书都包含什么内容？
3. 电动汽车快充线束插接的注意事项有哪些？
4. 电动汽车慢充电如何实现？
5. 电动汽车终装安全性能检测项目有哪些？
6. 汽车整车装配智能化技术都有哪些？

学习情境5

电动汽车装配检测介绍

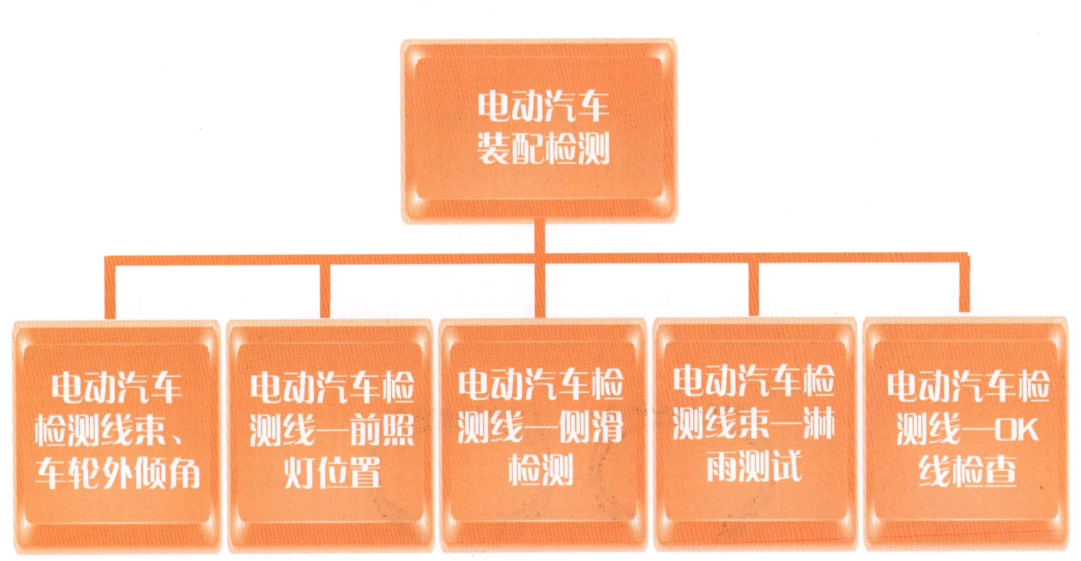

学习任务1 电动汽车检测线——前束、车轮外倾角

学习目标:掌握前轮前束、车轮外倾角的概念和测量方法。

能力目标:培养学生实际操作动手能力。

知识准备:

1. 前轮前束

汽车前轮安装后,两前轮的中心平面不平行,而是前端略向内束,使两轮前端距离 B 小于后端距离 A,其前后两端横向距离之差为前轮前束,如图5-1所示。当 A < B 时,称为正前束,反之为负前束。汽车前轮出现过大的正前束或过大的负前束时,汽车轮胎影响情况见表5-1。

表5-1 前束值参数表

几何参数	图 片	轮胎磨损	形 状
过大正前束	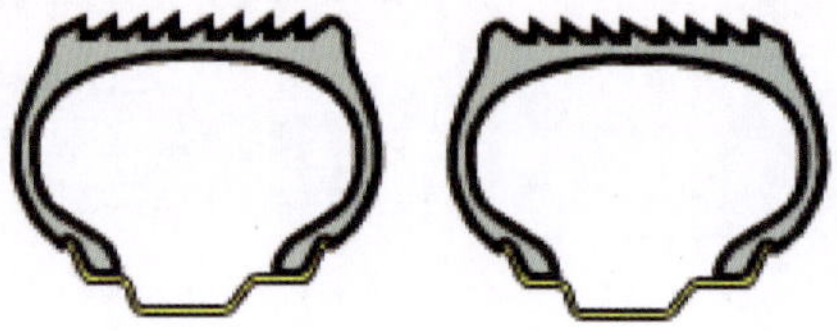	轮胎外侧磨损严重	开口向后的内"八"字
过大负前束	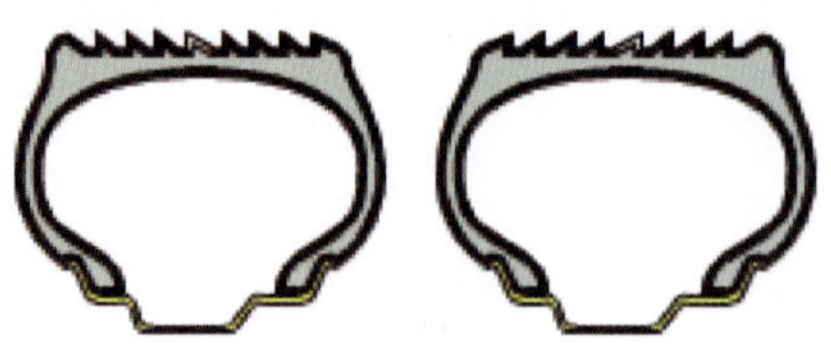	轮胎内侧磨损严重	开口向前的外"八"字

车轮的水平直径与纵向平面之间的夹角 φ 为前束角。其中,不同的汽车生产厂家对前束的定义标准是不同的。前束的主要作用是使车轮具有自动回正功能,保证汽车稳定的直线行驶,前束值过小时,车辆方向不能自动回正,前束值过大时,车轮轮胎会过度偏磨,导致汽车车轮转向沉重。

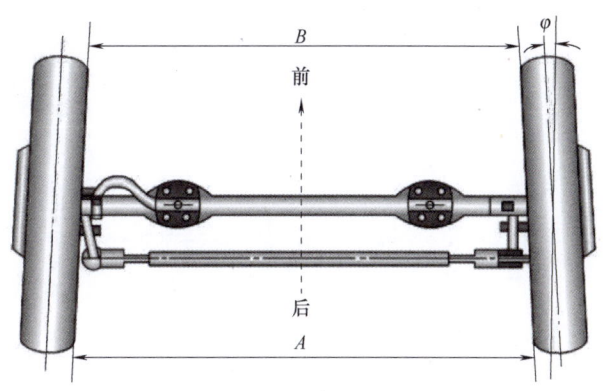

图 5-1　前轮前束

2. 车轮外倾角

车轮外倾角是指从汽车前面看车轮时，轮胎的中心线与铅垂线的一个夹角，如图 5-2 所示。车轮安装时并不是完全垂直于地面的，从图中可以看出，当车轮顶部向汽车外部倾斜时称为正外倾角，反之称为负外倾角。当汽车转向时，正外倾角可帮助车轮回正，负外倾角可防止轮胎侧滑，加大转向阻力，其中大多数乘用车采用倾角，而很多赛车则采用负外倾角。外倾角的作用是保证轮胎磨损均匀，减轻轮毂外轴承的磨损，提高车轮工作时的安全性。

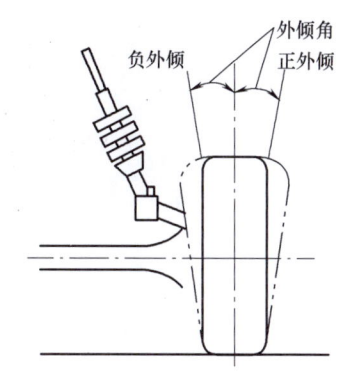

图 5-2　车轮外倾角

车轮外倾角和前束角是汽车四轮定位中两个重要的参数，而前束角是用来平衡和协调车轮外倾角的，保证车辆轮子作纯滚动和直线行驶。

问题引导 1：前束如何测量？

前轮前束的测量相对来说比较简单，可以不需专用的四轮定位仪完成测量，测量方法如下：

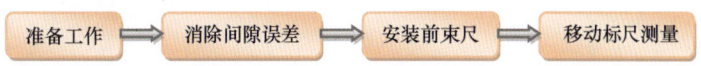

首先，要检查前轮轮毂轴承松紧度，前轮轮胎气压是否正常，车辆是否停放在平坦场地上，两前轮是否处于直线行驶位置；其次，把车辆向前推动 1~2m 来消除影响测量效果的各个间隙；再次，将前束尺两端水平支撑在两前轮轮胎内侧最小距离处，与前轮水平中心线同高，如图 5-3 所示；最后，移动标尺，保证指针对准"0"位，然后向前推动汽车，当前束尺转动到后面与车轮中心线再次同高时，读出标尺上数值即为测得的前束值。

前轮前束值一般为 1~8mm，如果测量值不符合汽车生产厂家的规定值，前轮前束

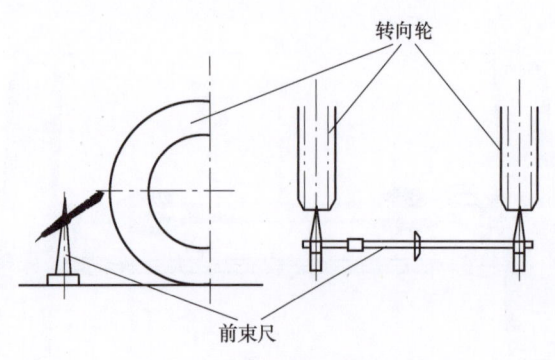

图 5-3　前束尺测量前轮前束

可通过改变横拉杆长度来进行调整，如图 5-4 所示，调整好后将锁紧螺栓拧紧。

图 5-4　调整前束

汽车悬架系统铰接点会有变形，可以通过调节前轮前束值来进行补偿。

问题引导 2：车轮外倾角如何测量？

车轮外倾角的测量方法有多种，比如利用光束发射器和摆式刻度盘、气泡水准仪和电子式倾角传感器等仪器测量。车轮外倾角的测量一般用重力方向作为基准，下面介绍气泡水准仪测量车轮外倾角的方法（图 5-5），其流程如图 5-6 所示。

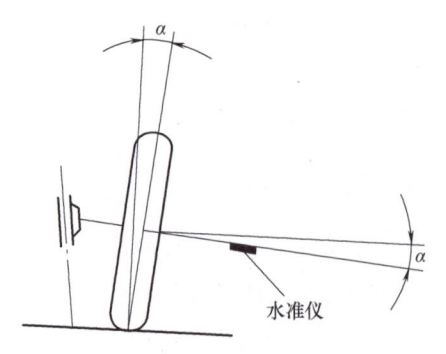

图 5-5　气泡水准仪测量车轮外倾角

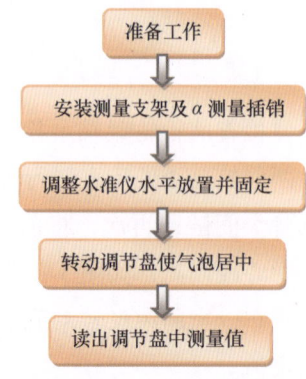

图 5-6　气泡水准仪测量车轮外倾角流程

其中，准备工作包括检查前轮轮毂轴承松紧度，前轮轮胎气压是否正常，车辆是否停放在平坦场地上，两前轮是否处于直线行驶位置。测量车轮外倾角时，必须保证汽车处于直线行驶位置，转向盘位于中间位置。

车轮外倾角的调整方法很多，其中增加垫片和调整偏心螺栓和凸轮是最常用的方法，见表5-2。

表5-2 车轮外倾角调整方案

调整方法	图示	说明
增减垫片		在控制臂销轴上螺栓增加或减少等量垫片来调整车轮外倾角
调整偏心螺栓和凸轮		有些车可通过调整转向节和上控制臂之间的偏心螺栓来调整车轮外倾角

北汽新能源汽车总装车间前轮前束和前轮外倾角的检测是通过如下设备进行检测的，如图5-7所示。

图5-7 北汽新能源汽车前束、外倾角检测仪

学习任务2　电动汽车检测线—前照灯位置

学习目标：掌握前照灯位置的检测方法。

能力目标：培养学生实际操作动手能力。

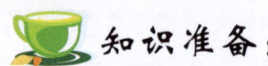知识准备：

根据GB 7258—2012《机动车运行安全技术条件》的规定，汽车前照灯的检验指标为光束照射位置的偏移值和发光强度。

问题引导1：前照灯如何检测？

汽车前照灯检测是汽车安全性能检测的重要项目。前照灯诊断的主要参数是发光强度和光束照射位置。实际检测汽车前照灯时，一般有屏幕法和检测仪两种方法，其两种方法对比见表5-3。

表5-3　前照灯检测方法

检测方法	优 点	缺 点
屏幕法	经济	只能检测光束偏斜方向和偏斜量，不能检测发光强度，占用场地较大，检测效率低，光束垂直偏移量计算麻烦
检测仪法	测量精确，检测效率高，可测量发光强度	成本高

然而，汽车生产厂家大多数都用检测仪进行前照灯的检测，北汽新能源汽车总装车间检测前照灯设备如图5-8所示。

新能源企业总装车间汽车前照灯检测具有测试汽车前照灯发光强度和灯光照射位置的双重测试功能，而且在进行前照灯检测时，车辆还进行前轮转角测试试验，检查汽车转向。下面以屏幕法为例介绍前照灯位置检测。

图 5-8　北汽新能源汽车前照灯检测

（1）检测准备

用屏幕法检测前照灯光束照射位置时，场地应平整，屏幕与场地应垂直，被检验的车辆应在空载、轮胎气压正常、乘坐 1 名驾驶人的条件下进行。将车辆停置于屏幕前，并与屏幕垂直，使前照灯基准中心距屏幕 10m，如图 5-9 所示。

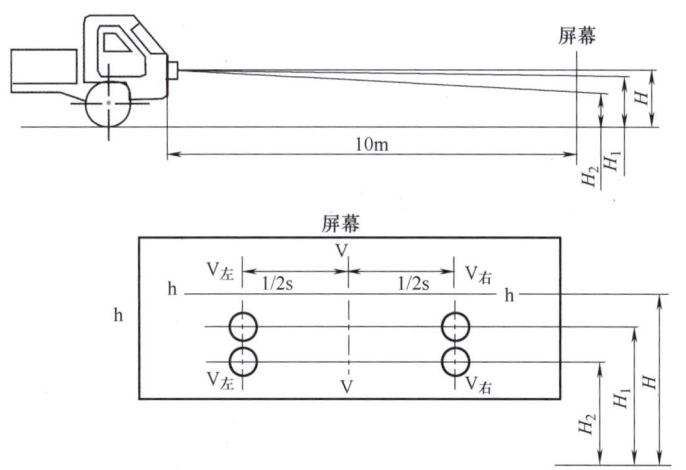

图 5-9　屏幕法检测前照灯光束照射位置

其中，屏幕法检测涉及的参数见表 5-4。

表 5-4　屏幕法参数

参　　数	定义及要求
H	被检车辆前照灯基准中心高度
$V-V$	中间垂线，要与被检车辆的纵向中心垂直面对齐
$V_{左}-V_{左}$	车辆左前照灯基准中心的垂直线
$V_{右}-V_{右}$	车辆右前照灯基准中心的垂直线
$h-h$	与被检车辆前照灯的基准中心等高，距地面高度为 H

(续)

参　数	定义及要求
H_1	水平线距地面高度，要与被检车辆前照灯远光光束的中心等高，$H_1 = (0.85 \sim 0.90)H$
H_2	水平线距地面高度，要与被检车辆前照灯近光光束的中心等高，$H_2 = (0.60 \sim 0.80)H$

（2）检测方法

检测时，只要前照灯灯泡质量合格，只需检测近光束的位置即可，前照灯近光束位置检测方法如下：先遮盖住一侧前照灯，打开前照灯近光开关，未被遮盖的前照灯的近光明暗截止线转角或光束中心应落在下边水平线与 $V_左 - V_左$ 或 $V_右 - V_右$ 线的交点位置上，避免光束照射位置发生偏斜，其偏斜方向和偏斜量可在屏幕上直接测量。用同样方法，检测另一边前照灯近光光束照射位置。

学习任务 3　电动汽车检测线—侧滑检测

学习目标：掌握电动汽车侧滑检测方法。

能力目标：培养学生实际操作动手能力。

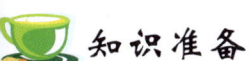知识准备：

汽车侧滑一般包括前轮侧滑和制动侧滑，前轮侧滑是指前轮前束和外倾角不匹配时，使汽车在直线行驶时产生向左或向右的偏移现象，而制动侧滑是指车辆制动时汽车某一轴的车轮或两轴的车轮发生横向滑动的现象，两种侧滑对比见表5-5。

表 5-5　侧滑分类

分　类	危　害	影响因素
前轮侧滑	稳定性差，耗电多，轮胎过度磨损	轮胎、转向机构、前桥与车架
制动侧滑	可让车辆做回转运动，易造成交通事故	制动时机、初始速度和附着系数等

由表5-5可知，汽车在进行前轮定位参数的检测时，不仅要进行静态检测，还要将车以一定的行驶速度通过侧滑实验台进行动态检测。动态检测是指汽车以一定的行驶速度通过侧滑试验台，从而测量转向轮的横向侧滑量。侧滑量是指汽车直线行驶位移量1km时，汽车前轮的横向位移量，侧滑量的单位为 m/km 或 mm/m。

问题引导1：电动汽车如何进行侧滑检测？

汽车侧滑试验台是使汽车在滑动板上驶过，用测量滑动板左右方向移动量的方法，来测量前轮侧滑量并判断是否合格的一种检验设备。

1. 侧滑试验台结构

（1）测量装置

测量装置有框架、滑板、杠杆机构、回位装置、导向装置、锁止装置和传递装置。

（2）指示装置

指示装置有指针式和数字式两种。指针式仪表是根据指针偏向 IN 或 OUT 的方向确定出侧滑方向。IN 表示正前束，OUT 表示负前束。当前轮为正前束时，滑板向外侧滑动；当前轮为负前束时，滑板向内侧滑动。

侧滑试验台有单板侧滑试验台和双板联动侧滑试验台两种。双板联动侧滑试验台主要由机械和电气两部分组成，机械部分主要由两块滑板。双板联动侧滑试验台如图 5-10 所示。

图 5-10　双板联动侧滑试验台

双板联动式侧滑试验台把前轮侧滑量测出后，再传递给 I 侧滑量指示装置，滑动板的长度一般分为 500mm，800mm 和 1000mm 三种。

北汽新能源汽车总装车间侧滑检测和车速检测是放到一起的，其检测设备如图 5-11 所示。

图 5-11　前束侧滑试验台

2. 侧滑检测方法

汽车动态检测是指汽车以一定车速行驶的状态下，用测量仪器或设备检测车轮定位的侧向力或由此引起的车轮侧滑量,以确定前轮前束和前轮外倾角配合是否恰当。下面以前轮侧滑为例介绍双板联动侧滑试验台检测方法。

(1) 检测准备

检测准备工作详见表5-6。

表5-6 准备工作检查表

使用前检查	检查部位	检查要领	解决方法
	滑试验台及周围	检查有无机油、石子、污泥等杂物	清除干净
		通电前,检查仪表指针机械调零	机械调零
	指示仪表	通电后,左右扳动滑板,待滑板停止后,检查仪表指针是否归零	机械调零
	各种导线	检查有无破损	更换新导线
	被测车辆	检查被检测车轮轮胎胎压是否正常,轮胎是否清洁	清洁轮胎,调整轮胎气压

注:检测前,检测仪要预热半小时。

(2) 检测标准

在国家标准中,具体规定:"用侧滑仪检验前轮的侧滑量,其值不得超过5m/km"。

(3) 检测方法

1) 汽车以3~5km/h的速度匀速通过侧滑检测仪的滑板。

2) 当前轮平稳通过滑板后,从指示装置上读取侧滑方向和侧滑量。

其中,滑板侧滑量正负的规定及可能的原因见表5-7。

表5-7 侧滑情况表

运动方向	侧滑量正负规定	可能原因
滑板向外运动	正值	前束值过大或者负外倾角过大
滑板向内运动	负值	前轮外倾角过大或负前束过大
滑板不移动	零	前轮前束和前轮外倾角配合恰当

对于后轮有定位的汽车,仍可按上述方法检测后轴的侧滑量,从而诊断后轴的定位值是否失准。

(4) 调整措施

对于被检测车辆的前轮侧滑量超过-5m/km或+5m/km时,判定为车辆检测不合格。因此,需要对车辆前轮作调整,调整方法如下:

1) 首先检查汽车前束是否正确,若侧滑量大于+5m/km,放长横拉杆长度;若侧滑量小于-5m/km,缩短横拉杆长度。

2) 若调整前束仍不合格,要用四轮定位仪调整前轮外倾角、主销后倾角和主销内倾角三个参数。

经过调整后仍然不合格,可能是汽车转向机构、车轴和车架发生变形导致的。

学习任务4　电动汽车检测线—淋雨测试

学习目标：掌握电动汽车淋雨测试方法。

能力目标：培养学生实际操作动手能力。

知识准备：

　　淋雨测试主要用来模拟自然环境降雨，检测汽车整车封闭部位的密封性（如风窗玻璃、行李箱、组合灯等），如图5-12所示。淋雨房是一个封闭的检测区域，每台即将下线的成品车都必须经过淋雨线进行检测，只有达到淋雨检测标准的车辆才允许下线。

图5-12　淋雨试验

　　淋雨线主要由淋雨房、板链输送线、喷淋系统、淋雨控制系统、热空气吹风系统和防火系统组成，见表5-8。

表 5-8 淋雨线各组成的功用

名称	功用简介
淋雨房	封闭的检测区域；墙壁侧面开设玻璃小窗，便于观察淋浴房里淋雨动态
板链输送线	自动将停靠在板链上的车辆送到淋雨房进行检测
喷淋系统	包含淋雨检测和污水处理两大功能，由水泵吸水喷淋，模拟人工降雨，经污水过滤装置处理污水实现水的再循环利用
淋雨控制系统	对流量进行监测，自动实现闭环连续调节；对淋雨设备实施监控、报警
热空气吹风系统	通过热能方式吹干车身上水
防火系统	监测、预防火灾发生

问题引导 1：电动汽车如何进行淋雨测试？

1. 淋雨检测标准

淋雨检测中所述的汽车防雨密封性是指汽车处于静止状态，在规定的人工淋雨试验条件下，关闭车窗、门和孔口盖时，防止雨水进入车厢的能力。淋雨检测中不密封种类见表 5-9。

表 5-9 淋雨检测中不密封种类

种类	现象
渗	水从缝隙中缓慢出现，并沿着内护面上漫延开去
慢滴	水从缝隙中出现，并且以≤60 滴/min 的速度离开车身内护面，断续地落下
快滴	水从缝隙中出现，并且以>60 滴/min 的速度离开车身内护面，断续地落下
流	水从缝隙中出现，并沿着或离开车身内护面连续不断地向周围或向下流淌
灯雾水	前照灯、后组合灯内部出现雾状，影响灯光亮度和强度
灯进水	前照灯、后组合灯内部出现水珠

其中，车辆不允许出现滴、渗、流的现象。车灯不允许出现灯进水的现象，灯雾气的车辆在开灯 60min 内消失，认定合格，否则不合格。

2. 淋雨测试

淋雨测试具体要求见表 5-10，北汽新能源总装车间淋雨线分为淋雨房（图 5-13）和淋雨检测区（图 5-14），如图 5-13 所示。

表 5-10 淋雨测试要求

试验条件	标准	检查程序		检查步骤
管道压力/kPa	soft：160～280 hard：260～420	降雨强度测定	分别设置或全部共用一个节流阀，且密度与降雨强度比值对应	车辆淋雨准备
淋雨时间	T≥5min		自身带有节流阀	关闭全部门窗，孔盖
降雨强度 mm/min	前：8～10 顶、侧、后：4～6 底：6～8	喷射压力测定	管路中已设定压力自动调节阀	淋雨 5min
管道流量/(m³/h)	Q≥110		试验前进行喷嘴喷射压力测定	检查、确定漏水状况
				结果记录，下线

图 5-13 淋雨房

图 5-14 淋雨检测区

淋雨测试评价相对比较简单,其方法就是在淋雨检测区目视检查所有有密封要求的部位,均不得有渗漏现象,其淋雨检测规范见表 5-11。

表 5-11 淋雨检测操作规范

序 号	检验顺序	检验流程
1	前照灯	检查前照灯内部灯杯与灯罩底部有无水滴或积水
2	右前门	检查门槛胶条凹槽处等处有无积水
3	右前围	检查各钣金孔、右转向线胶套、前围、右墙板底部、右轮罩底部有无水
4	右后门	检查玻璃导轨处有无水,查看底部门槛胶条凹槽处有无积水
5	后背门	检查后围底部及左右轮罩处有无积水
6	后尾灯	检查尾灯底部有无积水
7	左后门	检查玻璃导轨处有无水,查看底部门槛胶条凹槽处有无积水
8	左前门	检查门槛胶条凹槽处等处有无积水
9	左前围	自上而下检查转向线胶套、各钣金孔、钣金螺钉和涂胶位置等有无水

将以上检查情况如实地做好记录,查出的问题直接与质检人员进行沟通解决,整车经过淋雨试验后,保证了汽车生产质量,维护汽车生产厂家的形象。

学习任务 5　电动汽车检测线—OK 线检查

学习目标：掌握电动汽车 OK 线检查方法。

能力目标：培养学生实际操作动手能力。

知识准备：

总装车间的 OK 线检查是指成品车生产下线后，入库前进行的质量状态检查，主要检查项目包括基本检查、前机舱检查、车辆功能检查和配备检查。本任务通过相应的检查项来逐一讲述 OK 线检查。

问题引导 1：电动汽车如何进行 OK 线基本检查？

OK 线检测中的基本检查内容包含外观检查、轮胎检查和内饰检查三个部分，具体检查内容见表 5-12。

表 5-12　基本检查表

	检查项目	评价标准	检查手段	是否合格	备注
外观检查	全车漆面	无磕碰、划伤	目视		
	前后风窗、车窗	无磕碰、划伤	目视		
	车灯	无磕碰、划伤	目视		
	车顶装饰条	粘贴良好无损	目视、手触		
	全车缝隙	均匀，无明显阶差	目视、段差尺		
轮胎检查	轮胎	无割伤、胎压值	目视、胎压表		
	轮辋及螺栓	无划伤、生锈	目视		
	翼子板	内衬齐全	目视		
内饰检查	车内	无脏污、无杂物	目视、手触		
	门内侧	安装可靠、无划伤	目视、手触		
	门框	安装可靠、无划伤	目视、手触		
	转向盘	安装可靠、无划伤	目视、手触		
	仪表台	安装可靠、无划伤	目视、手触		
	中央扶手箱	安装可靠、无划伤	目视、手触		
	座椅	安装可靠、无脏污	目视、手触		
	地毯	安装可靠、无脏污	目视、手触		
	车顶内饰	安装可靠、无脏污	目视、手触		

一般检验员站在距车 2m 左右的正前方,观察车的肩部是否一样高,如果不同,就说明车身钢架装配或悬架、减振没有装配好;然后检验员分别站在车辆的四个角,观察腰线是否齐平、高度是否一致等,如图 5-15 所示;接下来检验员观察两侧翼子板的接缝是否平均,车门边缘的缝隙是否一致。

图 5-15　车辆外观检查

检验员同时还要对所有缝隙的段差进行检查。段差检查是车辆外观检查中的重要一项,它的好坏直接影响到顾客的购买意愿。一般的段差检查分为人工测量和段差尺检测两种方式,具体区别和差异见表 5-13。

表 5-13　段差检测方式差异表

测量方式		测量原理	优　势	劣　势	
人工测量		通过两个直尺直接测量两个平面高度差	简单便捷、易于操作	测量误差较大	
段差尺测量	塑料式	通过不变的标准台阶和固定数值进行测量	不会划伤被测物	台阶为固定数值,数据误差很大	
	游标式	仿照游标卡尺的方式测量	激光刻线,分度值为 0.05mm	易划伤产品表面	

(续)

测量方式		测量原理	优 势	劣 势	
段差尺测量	数显式	结合了游标卡尺和现代数显技术的能够通过数字显示段差	性能可靠，使用方便，直接读数，分度值为0.01mm	价格相对昂贵	
	三球面式	头部设计特有的S球式，能够测量带弧面的段差	减少视觉误差，精度更高		

北汽新能源汽车总装车间OK线检查汽车外观间隙时，往往使用塑料段差尺，如图5-16所示。

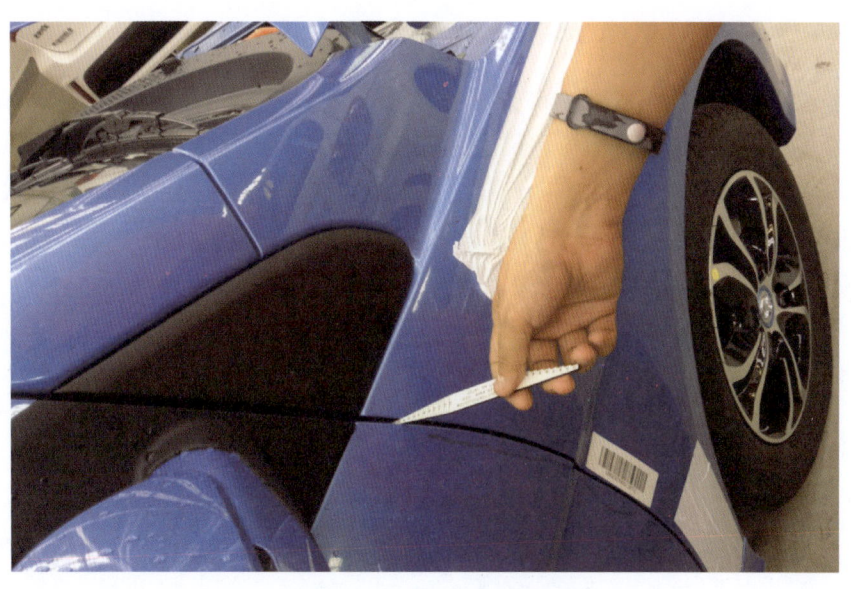

图 5-16　车辆间隙测量

问题引导2：电动汽车如何进行OK线发动机舱内检查？

OK线检测中的发动机舱内检查内容主要包含整体目视检查、冷却液液位检查、制动液检查、玻璃水水位检查、蓄电池和线束/配管检查六个部分，具体检查内容见表5-14。

表 5-14 发动机舱内检查表

检查项		评价标准	检查手段	是否合格	备注
整体目视检查		无渗漏及损伤	目视		
冷却液液位		位于 min-max 之间	目视		
制动液	储液罐	无渗漏及损伤	目视		
	软管	无渗漏及损伤	目视		
	液位	位于 min-max 之间	目视		
玻璃水水位		位于 min-max 之间	目视		
蓄电池	状态	显示绿灯	目视		
	电压	10～14V	万用表		
	接线螺栓	紧固与否	目视、手触		
线束\配管检查	线束	不干涉、不松动	目视		
	线束插头	有效锁止	目视		
	高压线束	无死弯、护套无破损	目视		
	DC/DC 负极与车身搭铁	螺钉紧固正常	目视、手触		
注意：橘黄色电线为高压线，请勿触动！					

问题引导 3：电动汽车如何进行 OK 线车辆功能检查？

OK 线检测中的车辆功能检查内容主要包含遥控器及钥匙、车门及行李箱、车门窗、中控门锁、主驾和副驾座椅、仪表盘各项指示灯、导航仪及收音机、转向盘、灯光系统、刮水器、空调、后视镜、天窗、遮阳板及化妆镜、机舱盖及充电口盖、倒车雷达及影像、换档机构及驻车制动器、数据采集终端、充电功能和 10km 路试共 20 项检查大项，具体检查内容见表 5-15。

表 5-15 车辆功能检查表

检查项目		评价标准	检查手段	是否合格	备注
遥控器及钥匙		有效锁闭及开启 5 门；锁闭后后视镜收起，闪烁灯	目视		
车门及行李箱		开启和关闭正常	目视		车门开启到 45°~60°
车门窗		玻璃升降正常			
中控门锁		使用正常			
座椅	座椅	调节正常	目视		主驾和副驾座椅
	安全带	拉伸及锁闭正常	目视		
仪表盘各项指示灯		上电后各项指示灯数秒后正常熄灭	目视		
导航仪及收音机		使用正常			
转向盘	转向盘	安装、上下调节正常	目视		
	喇叭	声音正常	万用表		
	媒体调节按钮	使用正常	目视、操作		

(续)

检查项目		评价标准	检查手段	是否合格	备注
灯光	照明灯光	远光灯、近光灯、雾灯、行李箱灯、光束调节系统使用正常	目视、操作		
	指示灯光	转向灯、警示灯、制动灯、倒车灯、牌照灯、示廓灯使用正常	目视、操作		
刮水器	喷水器	喷水正常	目视、操作		
	前后刮水器	刮水正常	目视、操作		
空调	制冷和制热	冷、热正常	感知、操作		
	风量调节	出风变化量正常	感知、操作		
	各出风口	出风正常	感知、操作		
后视镜		两侧及车内后视镜是否正常调节	目视、操作		高配
天窗		天窗开关正常、车内灯使用正常	目视、操作		高配,车内灯
遮阳板及化妆镜		使用正常	目视		
机舱盖及充电口盖		开启、闭合正常	目视、操作		
倒车雷达/影像		使用正常	目视、操作		
换档机构及驻车制动器		操作功能正常	操作		
数据采集终端		平台是否可以监控	目视		
充电功能		快、慢充功能正常	目视、操作		
10km 路试	转向、制动、能量回收功能	操作正常、功能良好	感知、操作		
	驻坡能力	有效驻坡	感知、操作		20%坡度
	制动真空泵	起动正常	操作		
	行驶	无跑偏、摆振	感知、驾驶		
	直线行驶	转向盘是否对正	目视、操作		
注意:橘黄色电线为高压线,请勿触动!					

在表 5-15 中,为了保证电动汽车最终出厂实际质量及使用安全,10km 路试过程必须要规范管理并明确车辆路试的流程,并确保路试过程中记录准确有效,路试记录单见附录 A。对此,国家有明确的标准来保证电动汽车的安全、可靠,下面列举了新能源电动汽车部分路试要求及标准,见表 5-16。

表 5-16 10km 路试项目及要求

项目	相关要求
电动汽车试验质量	整车整备质量和试验所需附加质量的和
路试场地及条件	一般应在干燥的路面,路面应坚硬、平整、整洁并有良好的附着系数,以场区内的试车跑道及周边的区域道路为路试主要区域
路试前车辆检查	按照常规检查记录表(附录 B)中检查项目,逐项检查并记录车辆的状态
最高车速	电动汽车能够往返各持续行驶 1km 以上距离的最高车速的平均值

(续)

项　目	相关要求
30min 最高车速	电动汽车能够持续行驶 30min 以上的最高平均车速
坡道起步能力	电动汽车在坡道上能够起动且在 1min 内向上行驶至少 10m 的最大坡度
预热	路试车辆应以 30min 最高车速的 80% 速度行驶 5000m，使电机及传动系统预热

问题引导 4：电动汽车如何进行 OK 线配备检查？

OK 线检测中的配备检查内容主要包含铭牌及随车资料检查、随车工具检查和其他检查三部分，具体检查内容见表 5-17。

表 5-17　配备检查表

检查项目		检查内容	检查手段	是否合格	备　注
铭牌及随车资料	铭牌	是否有粘贴	目视		
	随车资料（导航手册）	是否齐全	目视		
	资料信息与车辆	一致性	目视		
随车工具		是否齐全	目视		
其他检查	计价器及遥控面板	使用正常	目视、操作		出租车
	顶灯及顶灯钥匙	使用正常	目视、操作		
	空车牌	是否配备	目视		
	驾驶人信息栏	是否配备	目视		
	禁止吸烟贴	是否配备	目视		
	坐套	是否配备	目视		

知识拓展

电动汽车绝缘性能检测工具

电动汽车绝缘性能检测是电动汽车确保人身安全的一项重要指标，由于汽车振动、冲击和环境等因素影响，电动汽车动力电池组、车载充电机和电机控制器等高压部件容易损伤和破坏，使绝缘性能下降。常用的绝缘检测设备有手摇兆欧表和数字测试绝缘表两种，下面简单介绍这两种检测设备。

1. 手摇兆欧表

手摇兆欧表由一个手摇发电机、表头和三个接线柱（L、E 和 G）组成。"L"为接线端，"E"为接地端，"G"为屏蔽端（也叫保护环），一般被测绝缘电阻都接在"L"和"E"端之间，但当被测绝缘体表面漏电严重时，必须将被测物的屏蔽环或不需测量的部分与"G"端相连接。这样漏电流就经由屏蔽端"G"直接流回发电机的负端形成回路。

手摇兆欧表（图 5-17）的额定电压有 250V、500V、1000V、2500V 等几种，测量范围有 500MΩ、1000MΩ、2000MΩ 等几种。选用手摇兆欧表原则见表 5-18。

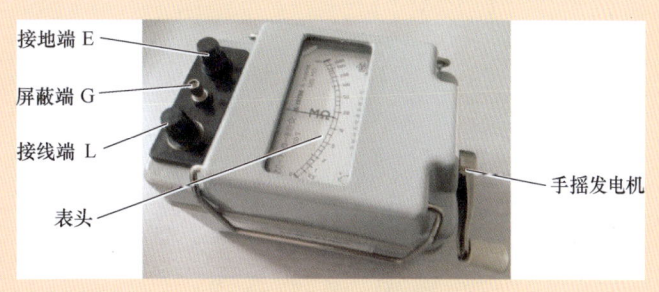

图 5-17　手摇兆欧表

表 5-18　手摇兆欧表选用原则

被测设备额定电压	选用摇表额定电压
≤500V	500V 或 1000V
≥500V	1000V 或 2500V

使用手摇兆欧表测量绝缘电阻前，需要检查手摇兆欧表是否处于正常工作状态，先将其放在平稳、牢固的地方，然后进行断路试验（图 5-18）和短路试验（图 5-19）。

图 5-18　断路试验　　　图 5-19　短路试验

2. 数字测试绝缘表

数字测试绝缘表是一种由电池供电的绝缘测试仪，它可以测量交/直流电压、接地耦合电阻和绝缘电阻。数字绝缘表上有三个插线孔对应三根表笔（两红一黑），根据测量数据的不同选用不同的插线端子。绝缘测试只能在不通电的电路上进行，要测量绝缘电阻，可按照下列步骤操作，见表 5-19。

表 5-19　数字测试绝缘表操作步骤

操作方法	绝缘测试仪 1508
步骤一	将测试探头插入 V 和 COM 公共输入端子
步骤二	将旋转开关转至所需要的测试电压
步骤三	将探头与待测电路连接
步骤四	按住测试按钮开始测试
步骤五	将绝缘测试仪探头搭铁，按测试按钮放电即可

需要注意的是，在使用绝缘测试仪之前，要检查表是否正常通电，操作如图 5-20 所示。

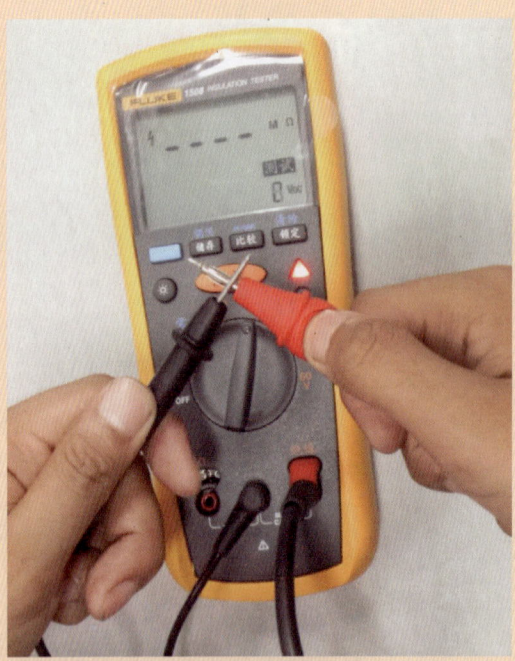

图 5-20 通电测试

 你知道吗

1. 什么是间隙段差?
2. 什么是电动汽车的前束?
3. 简述电动汽车前照灯位置测试方法。
4. 简述电动汽车淋雨测试方法及步骤。
5. 电动汽车淋雨测试项目标准是什么?
6. 电动汽车 OK 线检测项目有哪些?

附 录

附录 A 电动汽车道路试验记录表

车辆型号				VIN 码			来自电网能量	W·h	
最高车速	里程表读数（始/终）	时间		20%坡道起步	□通过 □未通过		等速路试车速	□60km/h □40km/h	
气象/温度		开/停	路线	行驶里程	SOC 读数	故障记录 件名，原因，处理办法	更换件记录	路试人员	备注
日期 月 日									

附录 B 路试常规检查记录表

车型：　　　　　VIN 码：　　　　　检查人员：　　　　　检查时间：

序号	检查项目	重要度	检查情况	序号	检查项目	重要度	检查情况
1	BMS 显示正常，电池无单高或单低等异常情况	A		11	车辆可正常启动	A	
2	仪表显示正常，无故障报警，无故障码，SOC 显示 30% 以上	A		12	操纵加速踏板无卡滞	A	
3	绝缘检查正常：按指定的办法	A		13	档位操纵正常，无异响	A	
4	喇叭工作响亮	A		14	操纵转向盘回位正常，无跑偏，无异响	A	
5	电动后视镜正常转动	B		15	行车制动正常，制动踏板灵活，无阻滞	A	
6	玻璃可正常升降	B		16	按下 A/C 开关后空调风机风扇启动	B	
7	刮水器可正常转动及喷水	B		17	空调压缩机无抖动、噪声	B	
8	收放机或 MP5 可正常使用	B		18	水泵无抖动，异响或不工作	A	
9	前组合灯各项功能正常	A		19	真空泵无频繁启停现象	A	
10	后组合灯各项功能正常	A		20	传动系统工作无异响，抖动	A	

注意：严重度 A 必须停车维修，严重度 B 可暂缓维修，严重度 C 可暂不维修

参 考 文 献

[1] 海争平. 汽车总装技术［M］. 北京：机械工业出版社，2013.
[2] 郑德权. 汽车总装工艺［M］. 北京：机械工业出版社，2012.
[3] 李秋艳，范家春. 汽车总装［M］. 北京：机械工业出版社，2015.
[4] 吴为. 工业4.0与中国制造2025从入门到精通［M］. 北京：清华大学出版社，2015.
[5] 徐梅宣，冯韬. 汽车生产中的IT技术［M］. 北京：机械工业出版社，2015.
[6] 陈心赤. 汽车装配工艺编制与质量控制［M］. 重庆：重庆大学出版社，2011.
[7] 卢圣春. 汽车装配与调整［M］. 北京：北京理工大学出版社，2015.
[8] 高庆毓. 汽车装配工［M］. 北京：机械工业出版社，2012.
[9] 陈婷，毕方英. 汽车生产现场管理［M］. 北京：机械工业出版社，2014.
[10] 付主木. 电动汽车运用技术［M］. 北京：机械工业出版社，2015.
[11] 陈全世. 先进电动汽车技术［M］. 2版. 北京：机械工业出版社，2013.
[12] 刘付金文. 汽车装配工艺［M］. 北京：高等教育出版社，2015.
[13] 赵立军. 电动汽车测试与评价［M］. 北京：北京大学出版社，2012.
[14] 韩玉霞. 汽车机电工职业培训教材·学习领域10：汽车辅助系统的加装及汽车检测线［M］. 北京：电子工业出版社，2011.